Create Savings Account From Childhood

素質教養權威 **王擎天** 博士

我有自己的薪水了

從小培養孩子的滿分理財力

寫給99%還**沒教理財**的**父母**，

請你**別再當孩子的提款機**。

靠這本**理財壓箱寶**，就能**教出小小巴菲特**！

打造孩子的幸福理財力！

自序。

外國人從小就被灌輸「經濟獨立」的重要，故久未碰面的朋友相逢，總會關心的問上一句：「How do you make a living?」由此可知，他們對「謀生能力」的看重，我認為這一點很值得台灣父母學習。

在我家兩個寶貝的幼稚園時期，我便開始給他們零用錢，並且評估孩子的需求，參考周遭友人給零用錢的標準，再決定給孩子多少錢，以我的兒女為例，在他們國中時大約一週五百元，隨著年齡增長再繼續調升，到他們大學時，大概是一週二千元左右，若是他們有其他特殊用途的花費，再來跟我商量。

當孩子具備閱讀文字與數字的能力，並且看得懂商品標價時，就可以開始教導「金錢能換得物品」的觀念了。

兩個寶貝在初識字時，我便以說故事的輕鬆方式，從「以物易物」的交易模式講起，讓孩子知道「貨物」有其價值：一朵路邊摘來的野花無法換到一件保暖的衣服，等價的物品必須以相同價值的物品交換，讓孩子先明白物品的「價值」，再慢慢說明以「貨幣」交換等價「貨物」的交易方式。

孩子的個性不同，對錢的需求也不一樣。女兒的個性比較節省，因為她從小看我記帳，就有樣學樣地跟著記，所以每個月的零用錢總有結餘；但個性海派、交遊廣闊的兒子就不同了，他偶爾會來向我抱怨錢不夠用。

雖然我很想滿足兒子的需求，但我還是狠下心，拒絕兒子的要求，因為我想讓他學習在有限的收入中量入為出，故我告訴他：「如果你沒有這麼多錢，就不要經常和朋友吃喝玩樂。」因為讓孩子預借零用錢，將會養成他們一有急事，就想借錢的習慣。有鑑於此，父母必須告訴孩子，擁有多少資源再決定如何過生活，千萬別超出自己的能力範圍。

現實生活中，許多草莓族的收入十分不錯，但是他們不懂得分配資金、平衡收支，再加上他們總是盲目消費，最後成為月底就沒錢花用的月光族。可以肯定的是，如果他們從小曾經學過基本的理財知識，等他們長大後，將會妥善規劃自己的薪水，並且擁有賺錢用錢、正確消費、合理投資的觀念。

筆者為了協助父母培養孩子的理財力，我不但搜集了大量的資料，還結合周遭朋友的案例來編寫本書。

本書從多個角度與面向介紹，家長進行理財教育時，應該注意的問題與建議，且希望本書能讓各位父母找到適合孩子的理財教育。

親子教養權威　王擎天

第一章

為什麼孩子必須具備理財力

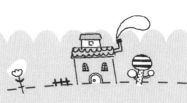

第二章

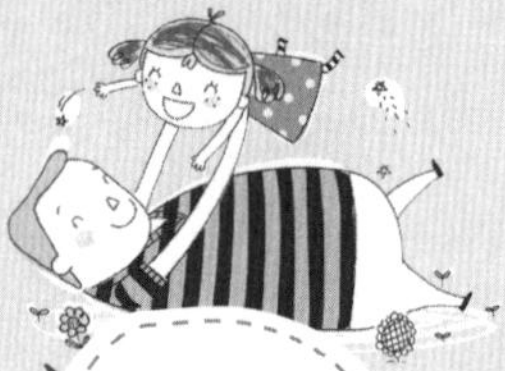

教孩子正確的金錢概念

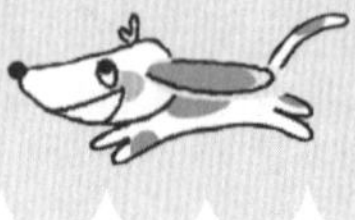

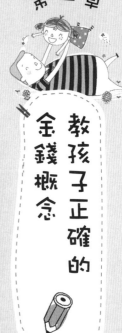

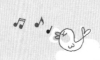

第三章

孩子可以花自己的薪水囉！

第四章

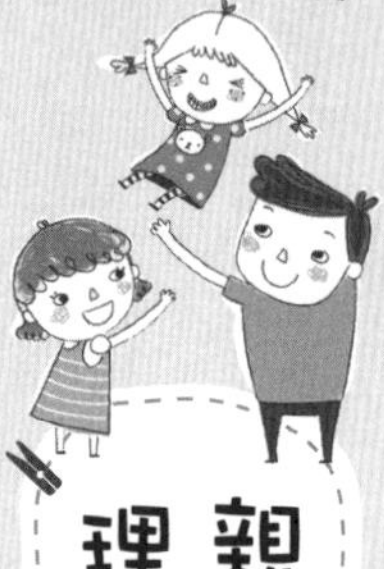

親子必修的理財教育

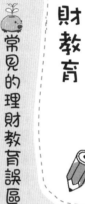

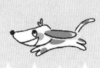

第一章

為什麼孩子必須具備理財力

根據研究顯示，金錢價值觀、管理財務的能力，
將會影響一個人的做事與生活態度。

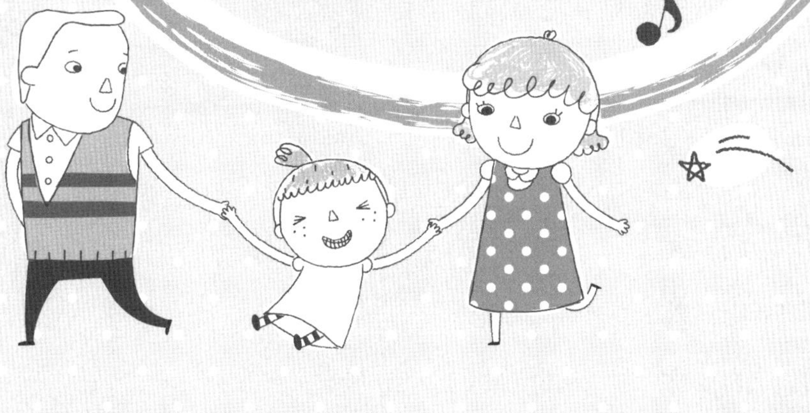

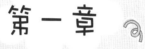

理財教育能讓孩子成長。

無論有沒有錢，都要從小培養孩子獨立做事、獨立思考的能力，不能讓孩子養成倚賴他人、浪費金錢的習慣。

教育部規定，從民國一百年開始，在中小學實施理財教育，並且培養學生的三大金錢素養：花費、儲蓄、分享。事實上，除了學校，家庭也是兒童理財教育的一環，然而，多數的家長不僅觀念錯誤，做法也有許多值得改進的空間。

理財教育不僅能教導孩子管理金錢，也能指導孩子管理人生。「零用錢」在孩子的成長過程中，扮演著相當重要的角色，它不僅是孩子學習支配個人資源的開端，也是他們摸索「獨立性」的關鍵條件。由此可知，理財未來在中小學的教育

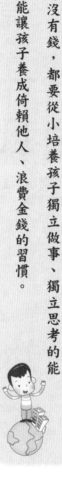

裡，將會越來越重要。

根據研究顯示，金錢價值觀、管理財務的能力，不但會影響一個人的做事、生活態度，甚至會影響到一生的財富與生活幸福，而本書所強調的兒童理財教育核心在於，讓孩子正確認識金錢，以及運用金錢的方式。

然而，孩子在以往的校園教育中，接受的是五花八門的學術知識，卻從來沒有學習過認識基本的金融常識，導致家長都忽視了孩子的理財教育。當這些缺乏理財教育的孩子進入社會後，他們只是一味地希望賺取更多的錢，卻不知道該如何讓手中的錢增加。

一般來說，台灣的父母多半會留下財產給子女，但是這麼做反而會影響孩子的獨立能力，再加上家長不可能永遠守在孩子身邊，他們總有一天會建立自己的家庭與事業，故為了讓孩子能夠在社會生存下去，家長必須重視理財教育的訓練。

不過，依照理財教育的調查顯示，多數的台灣家長根本不曾與孩子談論家中經濟，而超過半數的家長從未發過零用錢，更別說是進行正確的理財教育了。反觀猶太人的理財教育則十分完整，因為他們很重視孩子的理財能力。據說，在猶太人的

家庭裡，不管孩子的年齡有多小，家長都會把他當成獨立的經濟個體對待，因此他們會不斷地在生活中培養孩子的金錢素養，像是分辨「需要」與「想要」的能力、強化自我克制、建立金錢知識和管理金錢的能力等。由此可知，猶太人從小就知道理財的重要性，故他們長大之後，才能夠具備處理財務的能力，且能面對不斷改變的環境，調整自己的競爭力。

唯有從小對孩子進行適當的理財教育，當他們長大後，才能理解取得金錢必須付出努力、懂得珍惜金錢，最後瞭解以小錢變大錢等理財教育的重要。

此外，國內外的理財專家均表示，讓孩子擁有自己的零用錢，等於象徵孩子開始擁有獨立人格及責任感。舉例來說，如果孩子的玩具是以家長的錢來付，往往會造就在賣場耍賴的孩子，但是若以孩子的零用錢來支付，他們將會理智起來，並且開始精打細算。由此可知，一旦孩子擁有自己的零用錢，在父母正確的身教示範和引導下，孩子將能學習對自己負責，而不是把責任丟給爸媽，有鑑於此，管理屬於自己的零用錢，就是孩子學習負責任的開始。

家庭是理財教育的開端

很多家長捨不得讓孩子忍受半點委屈，故他們對於孩子的消費教育，採取放任自由的態度，導致很多孩子缺乏正確的理財觀念。

通常孩子主要的理財問題有亂花錢、不懂得比較價格等，因為他們從不知道金錢需要付出辛勤的勞動才能獲得，故他們往往無法體會父母的辛苦，直到孩子成年之後，需要自行處理財務問題時，才會顯得束手無策、不知所措。探究這些現象的原因就是，家長從來沒有進行家庭間的理財教育。

不過，還是有許多正面的例子值得學習，像是筆者的學生小強，他正確的金錢觀念就是家庭教育造就而成。小強的爸媽都是十分精明的商人，由於自身的職業，他的父母深深地體會到理財的重要性，因此他們在小強的國小時期，就開始在生活中，以最直接的消費行為，讓小強瞭解錢的功能。

當小強進入小學後，父母就把孩子買零食、課業用品的零用錢直接給小強，讓他自己決定零用錢該花在什麼地方，但前提是他必須練習記帳，將花費的錢記錄在專屬於他的記帳本。若是零用錢提前用光時，就不能在同個月分得到父母的資助。

小強上了大學以後，父母每個月會提供他五千元的生活費，由於從小養成的記帳習慣，每次拿到零用錢後，小強都會為自己制定支出計畫，所以他很少因為一時衝動，而購買不適合自己的商品，再加上他喜歡貨比三家的消費原則，故總能省下不少的零用錢。聰明的小強用省下來的零用錢，買了一些大學生愛看的書籍，在宿舍進行銷售，很快地，他存了一筆為數不小的積蓄，最後，他開始以自己的存款繳交學費和生活費，而且再也沒有和爸媽拿過錢。

然而，和小強同為室友的小拓，他的理財觀念卻和小強大相逕庭。小拓的爸媽都是公務員，對於金錢的概念並不是特別敏銳，而小拓又是獨生子，所以家人非常溺愛他，總是以物質上的需求滿足他。在小拓的小學時期，父母不讓小拓擁有屬於自己的零用錢，反而盲目地買玩具給小拓，因此小拓不懂得爸媽賺錢的辛苦，也不知道該如何實行計畫性的支出，更不知道如何透過努力賺錢。

等到小拓上大學以後，父母每個月提供他的生活費是八千元，但因為從小沒有養成記帳和節省零用錢的習慣，總是很快地把身上的錢花光，更嚴重的是，有時候他還不得不和小強借錢來度過每個月的最後幾天。

錯誤的理財教育可能誤了孩子一生

前述的兩個事例足以說明家庭教育是理財教育和金錢價值觀念的原生點，因為錯誤的理財教育將對孩子的未來產生極大的影響。一般來說，孩子的金錢和消費的價值取向受到家庭文化的影響最深，所以父母必須從日常生活與細節中建構理財教育，並且將生活轉化為父母與孩子共同學習的機會。

世界上很多國家都非常注重孩子的理財教育，畢竟，唯有向下扎根的理財教育，才能奠定孩子正確的金錢概念。

在美國，家長都希望孩子能夠盡快獨立，因為他們認為孩子應該在很小的時候就懂得獨立自主、謀生和財富的密切關係。

舉例來說，他們從小就知道「經濟獨立」的重要，很多久未聯絡的朋友碰面，總會關心地問上一句：「How do you make a living?」，由此可知，他們對於「謀生能力」的看重，筆者認為這很值得台灣父母學習。

美國每年都會有好幾百萬的青少年在各種不同的領域打工賺錢，或許你認為那些打工的孩子是因為家裡的經濟狀況不夠好，所以才要出去工作，但事實並非如此。通常越有錢的家長，越擔心財富會帶給孩子不幸，因為他們堅信紀律、勤儉、分享才是給子女最珍貴的寶物。

例如：世界上最有錢的家族——擁有全球最大零售系統沃爾瑪的華頓家族，他們每個家族成員，將「省錢」二字奉為家訓。現任的董事長，他的個人辦公室不但沒有窗戶，面積甚至不到三．五坪，因為他謹守創辦人山姆．華頓的經營精神：「為顧客省下每一分錢。」

由此可見，理財教育已經成為當代家庭教育中不可或缺的一環，然而，是否實行理財教育，已經成為衡量家長具備敏銳洞察力與否的關鍵要素。如果家長不想讓自己的孩子成為欠缺理財能力的弱者，那麼，從現在開始，就應該針對孩子進行正確的理財教育。

親子理財壓箱寶

1. 家長應改變以往的理財觀念

傳統的台灣家長都會希望為孩子留下一筆雄厚的資產，不過這種觀念早已跟不上時代的潮流。如果家長只留給孩子足夠的財產，而不教育孩子處理財務的方法，總有一天孩子將會坐吃山空，甚至會被高價位的金錢物質慣壞。有鑑於此，留下鉅額財產將會扼殺子女的才能與潛力；不留下財產給子女，他們才能擁有屬於自己的人生。

由此可知，父母要做的不是為孩子賺多少錢，而是培養他們的理財能力，並且在生活當中，主動採取各種方法，有效提升孩子的理財能力。

2. 別錯過進行理財教育的最佳時機

根據研究證明，越早開始培養孩子的理財能力，孩子越能將理財技巧融入日常生活中。故為了能讓孩子擁有清楚的理財觀念，家長一定要把握學齡期到青春期的關鍵時期。筆者並不是說錯過了這個時期，孩子的理財能力就無法提升，但是過了青春期，再培養孩子的理財觀念，就必須要花費更多的精力和時間，而得到的教育效果也遠不如關鍵時期。

3.多管齊下，全面提升孩子的理財教育

衡量孩子的理財力高低，不僅要觀察他能夠賺多少錢，還要看他如何管理這些錢，且能否制定合理的支出計畫以及具備良好的儲蓄習慣等。因此，家長可以在生活中設計各種不同的活動，添加理財教育的趣味性，讓孩子能夠從學習的過程，了解到儲蓄與理財的好處與重要性，並能讓孩子的理財知識累積與提升。

孩子可能會成為尼特族。

孩子若是不知道理財的重要性，當他長大後，可能會成為無所事事，啃食父母積蓄的尼特族。

尼特族是世界性的社會問題。主要發生在發達國家和經濟高成長、生活水準高的國家之青年階層中。在香港則稱之為雙失青年（失學兼失業的青年）；在美國稱為歸巢族；在中國被稱為啃老族，靠啃食父母的老本而生活；在台灣則被稱為家裡蹲，意指孩子畢業後，又回到家庭，繼續依靠父母的照顧及經濟支援。

雖然尼特族已經成年，並能夠自立更生，但是他們依然待在家裡無所事事。一般來說，這些人曾經工作過一段時間，不過，對於工作不甚滿意或無法勝任工作而賴在家裡；有些人的抗壓能力比較差，他們因為承受不了工作帶來的心理壓力和挫折，而不敢出去找工作，故他們依靠父母的積蓄和薪水生活。

筆者朋友的孩子剛滿二十四歲，因為朋友的工作十分繁忙，故對孩子疏於管教，只是一味地滿足孩子的物質需求，從來不思考孩子的消費行為是否合理。本來想當公務員的孩子，考試落榜了，後來他選擇自行找工作，但由於學歷與經歷都不甚理想，在職場上又不肯踏實地工作，因此孩子的每份工作都無法維持三個月，最後，他乾脆放棄找工作的打算，如今他每天醒來就是上網、玩遊戲、和朋友聊天等。朋友也拿他的孩子沒輒，只好放任他在家中的散漫生活。

事實上，尼特族的出現和現今的社會環境有很大的關係，畢竟台灣的就業市場不如以往活絡，所以有些年輕人確實需要父母的開導與精神上的協助，但如果孩子在經濟和生活上長期依賴父母，則會引發一連串的家庭問題，像是許多年輕人寧可失業也不肯工作等現象。

有鑑於此，如果父母沒有從小開始培養孩子的理財力，孩子不僅不瞭解賺錢的辛苦，也不知道工作中的挫折與坎坷。因為在他們的兒時記憶裡，只知道當自己需

要花錢時，爸媽就會從提款機領出一疊厚厚的鈔票，供他們花用。

父母在處理孩子不正確的消費理念和方式時，若是沒有及時的指導與糾正，他們將會養成向父母伸手要錢的習慣，因此孩子在成年之後，無法勝任工作，對於賺錢等事宜興趣缺缺，他們不知道也不需要為自己賺取更多的財富，因為他們只需要依靠父母的退休金來買房子、買車，甚至依賴父母來養育自己的小孩。由此可知，如果家長沒有及時培養孩子的理財力，及早讓孩子懂得理財的意義，他們長大後可能會產生過度消費，或缺乏理財規劃等問題。

更重要的是，理財教育也是品格教育的一環，因為金錢教育將會影響人格的形成，像是金錢管理能力，就與控制物質欲望、金錢的分配使用等「節制、知足」的品格相關。而做家事、參與家庭財務的計算與「責任」有關；努力工作來換取金錢，與「勤奮、毅力、紀律」有關；懂得分享、幫助他人，與「憐憫、利他」有關。

由此可知，大部分的品格特質，皆與理財教育相關，故理財對於培養孩子正確品格的重要性，不可言喻。

親子理財壓箱寶

1.讓孩子知道理財的目的

父母要讓孩子明白理財的重要性，並讓孩子知道以什麼方式累積金錢、投資、消費。也就是說，理財教育不僅可以使人賺錢，還可以學著利用原有的金錢賺取更多的財富。

金錢可以幫助人們實現夢想，也能買到自己想要的物品。故有人說：「金錢不是萬能的，但是沒有錢，萬萬不能。」由此可知，金錢是人們基本生活的必需條件。不過，家長也要讓孩子知道親情、友情、愛情等感覺幸福的情感是無法用金錢來衡量的。

雖然賺取更多的錢是衡量理財教育的指標，卻不是唯一關鍵。對孩子進行理財教育，並不是促使他們一味地追求財富，而是透過理財教育，讓孩子學會真正的理財技巧，像是懂得如何累積財富、投資、消費、與他人分享等觀念。

2.透過多種途徑讓孩子學習理財知識

隨著孩子年齡的增長，如果父母只是透過說教來進行理財教育，可能會讓孩子產生厭惡感。

故父母一定要採取多元的教育方法，像是為孩子講述理財相關的小故事，或是和孩子一起到書店選購附有插圖的兒童理財故事書，如此一來，就能引發孩子學習理財的興趣。除此之外，父母還可以陪著孩子觀看財經類的節目，不失為親子共同探討理財的好辦法。

樹立孩子正確的金錢觀。

藉由生活中的機會教育，讓孩子學習正確的理財觀念，他們將能活用理財知識，促使他們學到更多管理自我的技巧。

一般來說，家長都會希望自己的孩子擁有足夠維生的財富，所以父母會幫孩子報名考前補習班，督促他考上名校，最後進入一流的大公司上班，但這並不意味孩子從此就能過著幸福美滿的生活，因為就算照著前述的模式進行，也不能保證未來的幸福人生。

有鑑於此，家長應該要教育孩子做金錢的主人，讓金錢為自己服務，而不是被金錢限制，畢竟金錢只是實踐生活的物品罷了，而不是終生追求的目標。

在筆者成長的年代，賺取大量的金錢，等同提升生活水平以及通往幸福的橋梁，故身邊的朋友終其一生都為了賺取財富而汲汲營營，甚至認為這是永遠的人生目標，一直到了知天命的年紀，他們仍舊不滿足，探究其原因，他們其實已經迷失了人生方向，成為金錢的奴隸。

事實上，金錢應該是被拿來使用，而不是全數堆積在銀行，或者當成人生的最終目標，故家長要讓孩子瞭解金錢的運轉規律，並且懂得運用金錢做有意義的事，才會感覺到幸福。

別讓拜金主義蠶食孩子的價值觀

隨著年齡的增長，孩子的自我意識一定會逐漸增強。他們渴望得到別人的尊重與支持。不過，在他們發展自尊心的同時，孩子的虛榮心也悄悄地萌芽了。

通常孩子會以名牌服飾來彰顯身分，希望藉此突顯自己與他人的不同，其實這就是拜金主義的開端。他們認為自己穿上名牌服飾，就能證明自己與眾不同，可是孩子卻沒有意識到，拜金主義正在摧毀他們原本單純的心，導致孩子以擁有的物質多寡，來評價是否幸福的標準。

舉例來說，我曾經在東區的咖啡廳看到大約是高中生的女孩，她們可能想和平日的穿著區隔，卻不知道自己的模樣不適合成年女性的裝扮，兩位女孩濃妝豔抹，散發些許的風塵味。其中一位女孩還佩戴五枚戒指，並且和身邊的朋友炫耀這些戒指。從她們的談話中可以知道，那些戒指是從媽媽的珠寶盒偷拿出來的，而另外一位女孩也馬上回應自己的母親有多少鑽石項鍊，以及知名品牌的服裝，還有使用多少名貴的護膚品等。

根據前述的案例可以得知，由於現代父母不忍心讓孩子吃苦，他們希望讓孩子過得比自己的孩童時代幸福，而孩子出於虛榮心所產生的拜金主義，與父母的補償心態或是消費習慣也有一定的相關性。

若是孩子剛開始出現崇尚名牌、愛慕虛榮的現象時，家長能夠及時引導，那麼孩子將不會在貪慕富貴的道路上越陷越深。

此外，很多家長的行為，也具備潛在的拜金主義，他們認為自己的孩子一定要擁有別人沒有的東西，但是他們卻沒有考慮到孩子的真正需求，導致孩子的欲望隨

著父母不斷的滿足而逐漸膨脹，到最後，家長提供的物質條件再也無法讓他們感覺到幸福。

拜金主義是近代興起的價值觀，這種價值觀起源於資本主義鼓勵人類追求自我物質利益的思想主張，目前許多不同類項的廣告也被認定具有助長社會整體拜金風氣的作用。通常拜金主義者會過度強調金錢的重要性，他們因此變得唯利是圖，看不到事物的真實內涵，僅以金錢來衡量價值，導致他們的精神層面極為空虛。

雖然拜金主義的出現和環境有很大的關係，但若是家長沒有從小樹立孩子正確的價值觀和金錢觀，當孩子長大以後，將會成為極度虛榮的拜金主義者。

比爾．蓋茲的子女教養

家長能否幫助孩子樹立正確的金錢觀尤為重要，否則孩子可能會淪為金錢的奴隸。事實上，很多富可敵國的名人不僅精通謀財之道，還懂得為孩子進行理財教育，也因此他們的子孫並沒有被龐大的財富所害。

比爾．蓋茲創造了世界性的財富神話。他曾經在一九九五年到二〇〇七年的富父母的身教、言教十分重要。

豪榜中蟬聯十三次世界首富。因此很多人都在猜測他的遺產分配方案，不過他的決定卻出乎大家的意料之外。二〇〇八年，比爾．蓋茲宣布正式退休，並決定把絕大部分的財產捐贈給慈善團體，而他留給子女生活的資產，只占全數財產的零頭。

事實上，比爾．蓋茲的遺產分配突破了以往的傳統模式，他並沒有把全部資產留給孩子，同時他也明白，若以累積財富為人生的目標，將會置身在沒有幸福的地獄中。因為金錢最大的用處是幫助別人，而不是每天度過奢華的生活，畢竟金錢只是人們用來實踐夢想的工具而已。比爾．蓋茲雖然身為全球首富，但是從未見過媒體報導他穿著名牌、使用奢侈品等消息，故他們家的孩子也都是穿著舒服耐穿的平價服飾，由此可知，父母的身教、言教，對孩子將會造成極大的影響。

此外，比爾．蓋茲曾經表示，父母給他最珍貴的禮物，就是教他獨立思考、判斷以及探索知識等方法。即使他事業繁忙，和小孩的相處時間不長，但他相信靠著閱讀等方法能夠教會孩子獨立思考的能力，因為他知道：「真正的富豪並非一般人所想像的那樣，總是愛慕虛榮且不斷消費，而是能夠管理自己的生活與消費的人。」

親子理財壓箱寶

1. 父母必須以身作則

實際上，孩子的言行舉止都受到父母的影響，因為孩子能夠理解父母的程度，遠超過我們的想像，所以請父母不要以擁有的財富多寡，來判定幸福與否。雖然金錢是強而有力的工具，但許多有錢人卻因為過多的財富而失去知足的快樂，若是孩子的人生觀變得如此腐化，且缺乏實質的目標，他們終其一生將會永無止盡地追求金錢。

假如父母的消費態度和行為十分恰當，孩子將會如海綿般吸收父母的一言一行，畢竟孩子的所作所為都是從模仿開始。

由此可知，如果家長總是衝動購物、亂刷信用卡、以金錢衡量身邊的朋友，又怎能培養出一位擁有理想、抱負、沒有虛榮心的孩子？有鑑於此，家長應該具備正確的價值觀，以身作則，當孩子最好的理財老師。

2.金錢不是證明自己的工具

事實上，人們的幸福感和擁有的金錢多寡並沒有直接的關係。幸福是一種源自於內心的感覺，故父母要讓孩子知道，正是因為人們對金錢永無止境的追逐，所以經常會陷入焦慮狀態，進而產生缺乏存在、安全感等現象，而金錢的多寡成為人們證明自我存在價值的工具。舉例來說，很多人喜歡透過揮霍錢財來吸引他人的目光，不但能夠滿足自己的虛榮心，同時也獲得自我的認同感。

不過，我總是告訴我的兒女：「財富如水，人離開水不能生活，但水能載舟，也能覆舟，德行與能力才是跟著自己一輩子的身分證明。」

3.別縱容孩子的不合理消費

「為什麼大家都有，只有我沒有？」相信各位家長一定很常聽到這句話。若是父母因為怕孩子被欺負，或者不願上學而屈服，孩子很容易就會食髓知味、得寸進尺。因此，當孩子提出一些不合理的消費要求時，若是家長能夠及時地回絕，並且心平氣和地告訴孩子原因，或許孩子往後的消費行為

將會比較收斂。

舉例來說，家長可以灌輸孩子新觀念：「就是因為你沒有，才比較特別」、「如果因為你沒有新玩具而遠離你的朋友，他們可能不是真心的朋友，另外交新的朋友吧。」甚至告訴孩子，想要的東西應該以零用錢來買，才是最酷、最棒的方式，激發孩子儲蓄的欲望。

有鑑於此，父母在往後的生活中，一定要斬釘截鐵地拒絕孩子的不合理要求，千萬別輸給孩子的柔情攻勢。

4.不失時機地樹立孩子的價值觀

協助孩子樹立正確的價值觀是長期的教育過程，如果只是一味地灌輸理論，勢必會引起孩子的反感。故家長要善於利用各種鮮明的事例，樹立孩子的價值觀。例如：在親子的相處時間，看到電視上報導，有人因為貪汙腐敗、或是盜竊而被逮捕的時候，家長可以向孩子說明電視報導，且不斷地結合具體的事例，相信家長的理財教育能夠因此獲得成效。

讓孩子知道錢從哪裡來。

許多簡單到不可思議的金錢概念往往是家長最容易忽略的，像是教育孩子：「錢不是從提款機來的。」

事實上，很多孩子都不知道金錢是從哪裡來的。因為當他們有了購買東西的欲望時，父母就會從口袋拿出一疊厚厚的鈔票，幫他們買下心儀的玩具、食品等，他們只知道有錢就可以買到自己想要的東西，卻從來不思考父母口袋裡的錢到底從哪裡來。

筆者曾經聽過身為小學老師的朋友，詢問學生關於賺錢的問題：「同學們，你們知道錢從哪裡來嗎？」

此時，同學們開始討論了，有人說錢是從爸爸的錢包拿出來的，有人說錢是從家裡的抽屜拿出來的，只有極少數的孩子知道，金錢是爸媽上班賺來的。

由前述的案例可以得知，孩子通常都不知道金錢的來源，許多孩子甚至認為從提款機內就能領出源源不絕的金錢了，故家長一定要讓孩子知道，金錢是爸媽透過辛苦的工作賺來的。

若是家長從未讓孩子參與討論經濟的家庭會議，他們將會誤以為金錢的取得十分容易，所以能夠隨意花用，促使孩子養成無條件向父母索取金錢的壞習慣，他們不但不能體會父母的辛苦，還認為和爸媽要錢是理所當然的事。

有鑑於此，讓孩子知道金錢的來源是每一位家長的必修課，不論你的家庭是富裕或貧窮，都應該讓孩子明白，只有透過辛勤的工作，才能獲得財富。

父母必須加強自己的理財觀念

孩子在出生以後接觸到的第一個環境就是家庭，因此父母的一言一行都會影響孩子。不論父母有沒有意識到，孩子依然會在家長的言行當中逐漸領會有關理財教

育的知識。因為對孩子來說，生活中能教導他們理財相關知識的人，莫過於孩子的父母，畢竟在學校、安親班、補習班，都無法學以致用。

筆者曾經看過一份研究報告，它是針對十六歲以下的孩子做市場調查，題目是：「你的消費習慣，是以誰為範本？」其中超過85％的孩子，問題的答案都是父母，但很多家長卻沒有意識到自己的消費習慣竟然對孩子的影響如此深遠。

有鑑於此，很多父母希望培養出具備理財能力的孩子，因而擔憂自己並非理財高手。其實家長不需要過度擔心，因為兒童和青少年所要學習的理財知識和大人所謂的理財，像是買房子、股票、基金賺錢等概念大不相同。

兒童理財只是基本的金錢概念，而非衍生性的金融觀念。因此，父母只要協助建立基本的理財觀念，像是努力才會有收穫、錢不是從提款機來的、懂得理性消費、如何分辨需要與想要、不同的金融工具都有風險等理財常識，並且將這些財務觀念當作正經的事，花時間向孩子解釋就可以了。

結合生活大小事來教理財

此外，家長向孩子講解金錢來源的同時，一定要結合身邊與孩子密切相關的小事，才能引發孩子的興趣，並能加深他們對問題的理解程度。

筆者的好友小李和妻子合力經營一間水果店，由於自身的商業經驗，夫妻倆很重視孩子的理財教育。所以他們在研究孩子的理財教育時挖空了心思，當兒子亮亮進入幼稚園之前，朋友決定帶著亮亮去繳學費。

好奇的亮亮用稚嫩的聲音問他：「爸爸，為什麼去幼稚園上課，還要繳那麼多錢？」

看著兒子渴望知識的眼睛，小李開口說道：「因為幼稚園的老師付出了勞力，每天要辛苦地教育小朋友，所以院長要支付薪水給他們，除此之外，幼稚園還要幫小朋友們買教學用具、準備餐點等，這些都需要用錢買，否則幼稚園就無法正常運作，媽媽和我也是透過辛勤勞動，才能賺取每天所需的金錢。你要知道，如果成年人不想付出勞力，那麼他將沒有錢維生。」

好友能夠及時地掌握時機進行理財教育，讓孩子知道父母的錢並不是憑空而來，一方面他能夠瞭解為何上幼稚園必須繳費的原因，另一方面，孩子也知道付出勞力才能賺取金錢的道理。以下筆者將列出四點能在生活當中實踐的理財教育：

1. 帶著孩子一起去購物

讓孩子和你一起去購物，在採買的過程中，教孩子辨識各種商品不同的價錢，並且清楚地讓他們知道，這件商品的價錢因為太昂貴所以不買；而家裡的沐浴乳用完了必須再買一瓶，此時選擇家庭號瓶是因為用得久，所以比較划算；今天購物的預算用完了，所以不考慮多買零食回家。藉由購物經驗來灌輸孩子，貨比三家不吃虧，以及每次外出購物都要設置預算等概念。

另外，在付款的時候，可以交由孩子支付金錢，而年紀較長的孩子，父母可以在需要到便利超商買醬油、鹽的時候，請孩子幫忙跑腿，偶爾把找回來的零錢當作孩子的獎勵，並教導孩子將錢投進撲滿裡，開始建立儲蓄的觀念，不過，請注意次數別太頻繁，否則養成孩子有獎賞才願意幫忙跑腿的心態，豈不是得不償失。

2. 父母要制訂家庭消費計畫表

大約在孩子的國小時期，父母可以在每個月的月初和孩子一起制定家庭消費計

畫表，把當月可能需要購買的物品列出來，再留下應急的金錢，讓孩子大致瞭解家庭消費的原則，並能在潛移默化中學習財務分配。

既然家人已經共同制定一份關於家庭消費的計畫表，那麼全家一定要按照計畫表來行事，不能隨意地超出計畫內的支出。

3.省下零食費

每天到了放學時刻，孩子在回家的路上，難免會受到食物、玩具等誘惑，所以父母應該在平時帶著孩子觀察學校外面的小攤販，像是賣鹽酥雞、珍珠奶茶等店面，並且教孩子觀察正在購買的人，他們的身體形態通常都不健康且肥胖，讓孩子自行判斷是否想成為那樣的人。

像是筆者的學生小霓，三餐都是吃媽媽煮的家常菜，就連小點心、飲品等都是媽媽親手製作，因此甜鹹控制得宜，不健康、太甜的東西，她也吃不慣，而沒有吃零食的習慣，讓她從沒想過要去便利商店買零食。

儘早訓練孩子的數字敏感度

對於學齡前的孩子來說，即使會數數了，也未必懂得數錢，因為那只是抽象的聲音或文字，而父母必須讓孩子感受數字的多與少到底有什麼不同，才能建立孩子的金錢觀。

舉例來說，集點貼紙對孩子相當具有吸引力，像是我的朋友，他們夫妻倆就會以集點貼紙來當作孩子的管教利器，集點貼紙的面額從1、2、5、10、20到30點都有，而從孩子三、四歲開始接觸數字後，他們便將數字觀念的教育，透過集點貼紙來執行。

朋友會準備孩子喜歡的可愛造型小貼紙，例如：飛機、兔子、星星等特殊造型，以此引起孩子的注意。當孩子表現好的時候，他們就會發集點貼紙給孩子，讓孩子利用集點貼紙來兌換禮物，很快地，孩子便會清楚地感受到，二十張貼紙比十張多，也可以換到更多的禮物，如此一來，他們對數字的概念就更加具體化了。

親子理財壓箱寶

1.帶孩子參觀爸媽的工作環境

孩子只知道爸媽會外出工作，卻不知道爸媽工作的辛勞，而每個月爸媽會在某一天領到看起來很豐厚的薪水。孩子通常只會把目光聚集在「鈔票」上，因為他們對「薪水」這個辭彙只有模糊的概念，卻不能理解其蘊含的真正意義，導致孩子完全忽略了爸媽付出的辛勤勞力。

筆者的好友易倫因為女兒一直要求她購買名牌隨身聽，而想出了一個方法應付，雖然她沒有明確地拒絕女兒的要求，但隔天她請丈夫帶女兒來到自己上班的地方。由於易倫是會計師，她每天都必須對帳到很晚才能回家，當女兒看到媽媽辛苦工作的情景時，女兒沉默了。從此以後，女兒再也沒有和好友要過日常生活以外的奢侈品。

另外，家長不妨讓孩子觀察勞力工作者的生活，像是觀察建築工人的工作環境。工人們每天都需要做超出身體負荷的工作，雖然他們的待遇不高，一個月的工資也有限，但是他們卻很知足。當孩子看到勞力工作者的生活情刷卡消費雖然便利，卻隱藏危機。

景時，他們一定能體會到賺錢真的是非常辛苦的事情。

2.讓孩子正確認識刷卡消費

刷卡消費讓購物變得非常便利，而人們上街購物時也不須帶著大量的現金。不過，刷卡消費往往會讓人在購物時更加肆無忌憚，因為人們在刷信用卡的瞬間無法意識到，月底該支付的總金額是多少。

因此每次家長在刷卡消費時，必須要告訴孩子刷卡的原理。其實信用卡是一種非現金交易付款的方式，類似簡單的信貸服務，且由銀行或信用卡公司依照用戶的信用度與財力發給持卡人。持卡人刷信用卡消費時並不需要支付現金，等收到帳單時再進行還款。除了與金融卡結合的信用卡外，一般的信用卡與提款卡不同，因為信用卡不會從用戶的帳戶直接扣除金錢。或許家長第一次講解時，孩子無法理解，當月底帳單寄來家中，父母可以拆開帳單，並且帶著孩子去繳款，經過一次次的繳費過程，我相信孩子最後一定能融會貫通。

3.別讓富裕生活阻礙孩子的發展

家長要讓孩子明白，很多事情都是一體兩面，富裕的生活讓孩子不愁吃穿，並且長期處於舒適的環境中，甚至以高品質的教育模式來教導孩子，但是他們可能會陷入物質主義的窠臼中。

生活在富裕家庭的孩子，由於他們擁有比別人更多的選擇，甚至被迫加速成功，同時也因為家財萬貫，剝奪他們努力向上的機會，導致他們失去自信心，或者出現自卑感，此外，他們容易產生角色混淆的問題，且會不斷猜想自身的價值是來自於家中財富，而並非本人的魅力，故筆者希望父母能多關注孩子的心靈層面，並且注意富裕生活可能帶來的教育危機。

第二章

教孩子正確的金錢概念

教孩子分辨想要與需要的差異，
並且培養孩子正確的消費觀念，
藉此建立完善的價值觀。

釐清需要與想要。

「需要的不多，想要的太多；需要的才能要，想要的不重要。」前述這段話的意思是，想要並不等於需要，即使我們想要的東西很多，卻不一定是我們所需要的。

每個人都是一樣的，「想要」的總是比「需要」的還多。舉例來說，大家都只有一雙腳，但是很多女人卻買了數十雙的鞋子；明明相同的服裝款式已經擁有好幾件了，下次逛街時，還是會忍不住購買同樣款式的衣服。這就是當「想要」的欲望勝過「需要」的理智所導致的情形。

什麼是需要，什麼是想要？

「爸爸，我好喜歡這個波妞娃娃，可是它要四百元。」玩具店外的女孩指著娃娃說。

「妳喜歡的話，可以自己存錢買。」爸爸回答，女孩聽到爸爸的答覆，便依依不捨地把波妞娃娃放回架上。

在西門町的商店街看到這幅景象，令我回憶起女兒的小時候，曾經哀求我買龍貓娃娃給她，當時我也是這麼回應她。記得女兒真的很想要那個龍貓娃娃，便希望以預支的方式，請我先幫她買，之後她再以每個月的零用錢還我，年紀小小的她竟然已經具備借貸觀念。雖然看著女兒渴求的眼神，讓我有點心軟，但我還是理性地拒絕女兒的央求。

我告訴她：「你看到班上同學擁有最新、最獨特的日本電影玩偶，不過你卻沒有，所以你很想要。然而，沒有龍貓娃娃，並不會對你的生活造成什麼損失，你還是依然要上學、吃飯、玩耍，所以龍貓娃娃對你而言，不是你所需要的，而是你心裡想要的。」看著女兒似懂非懂的表情，我又再舉一個例子說明：「爸爸很喜歡有領子的衣服，但其實爸爸的衣櫃裡面已經有好幾件相同款式的衣服了，所以當爸爸下次又想要買有領子的衣服時，妳就要馬上阻止我。」女兒聽完我的例子後，笑著說：「那我下次我要對爸爸說，需要的不多，想要的太多。」其實，人們需要的東西確實不多，但是想要的東西真的太多。

經過那次的經驗後，女兒也知道，只要是她需要的東西，我一定會買給她，但是她想要的東西，就必須靠她自己存錢買。從此以後，女兒便能理解吃飯、基本的文具用品、足夠換洗的衣服是生活必需品（需要），而正餐之外的點心、飲料、玩具等則為非必需品（想要）。前述的這些非必需品，都只能用零用錢買，或是利用某些特別時刻的獎勵來獲得。

延後滿足

筆者曾經在電視新聞看到，苗栗縣的造橋國小以代幣訓練孩子延後滿足的實例，學校為學生設計了一整套的金錢教育系統，還以精美的代幣模擬購物實境，學校的用心程度令人佩服。新聞報導裡的學生，桌上擺著一些假錢幣，只見他拿著記

帳本寫下不同硬幣的數量，並且細心地記錄各種假錢幣的總金額。這些假錢幣是學生幫忙擦玻璃、倒垃圾所得到的，因為他希望能夠換得老師所提供的禮盒。造橋國小的這套活動不但能讓孩子學習延後滿足的概念，還能實際體驗到「工作才有金錢收穫」、「數學計算」、「設定目標與夢想」等和理財教育相關的課題。

事實上，延後滿足一直以來都是教育專家推崇的方法之一，而苗栗縣的造橋國小所提供的活動則是延後滿足的教育高階版。造橋國小的老師，會事先準備各種不同的獎品，讓孩子能夠選擇自己渴望的目標，這些獎品無法以一次性獎勵獲得，而必須以學校的工作換取勞力酬勞，最後存取足夠的假錢幣，才能換得孩子希望得到的獎品，進而養成「凡事必須耐心等待，並非想要就可以馬上得到」的習慣。

由此可知，延後滿足能夠幫助孩子學會「抑制衝動、抗拒誘惑、控制情緒、耐心等待」等正面的人格發展，建立起放棄即刻滿足的習慣，將來當他們遇到重大挫折時，也能夠產生自我療癒的能力，比較不容易放棄與灰心。

教孩子惜福不浪費

由於筆者親戚家的兒子是獨生子，所以家人十分寵溺他，平日要什麼有什麼。玩具壞了，阿姨說：「壞了就丟掉，明天再買一個更好的給你。」故事書舊了，奶奶說：「直接丟在路邊，讓撿破爛的人拿去好了。」可是親戚希望兒子能夠學著珍惜擁有的東西，因為玩具壞了可以修理，故事書舊了，還可以再翻閱，如果任何東西都這樣隨意丟棄，那麼當兒子長大後，將很難滿足他的購物欲望。

此外，筆者經常在小朋友喜歡逗留的速食店看到父母帶著孩子前來用餐，家長點了滿桌的食物和飲料，卻在離開時，將滿滿的薯條倒進廚餘筒；而在許多吃到飽餐廳，因為店內標榜著食物能夠盡量夾取，再加上消費金額較高，經常看到父母跟孩子拿著堆疊滿滿的食物，若是吃不完或不喜歡吃的就丟在桌上，家長不但沒有將食物打包回家，也不懂得以身作則，和孩子一起吃完自己夾取的食物，只是等著服務生來收拾。

前述的種種情況可以看出，現今父母通常不會教導孩子感恩惜福的觀念。但如果家長沒有在孩子的小時候教導他們正確的用餐觀念或禮儀，以及為他人設想的概念，未來將會形成孩子的浪費習性，導致他們不知惜福感恩的個性，甚至因為過度浪費而加速地球臭氧層的破裂。

對孩子們而言，在他們接觸的現代環境裡，到處都是隨手可得的便利，像是便利商店、速食餐廳、用完可以丟棄的免洗餐具等。因此孩子只能感覺到物質的便利性，卻失去愛惜東西的心，再加上經濟發展急遽，無論是工業，還是商業，重點都是放在增加生產、促進消費上，所以「用完後丟掉」的便利就成了孩子習慣的生活模式了。

有鑑於此，教孩子養成惜福不浪費的習慣，等於是讓孩子應用「想要不等於需要」的消費概念，像是原子筆沒水了，只需要換筆芯，不需要再重新購買新的原子筆；而穿到破舊的T恤，不要直接丟棄，可以資源回收，或是剪成長方形狀，在家裡當成抹布使用，不但好擦又環保。家長若能從小培養孩子不隨意浪費的美德，漸漸地，孩子將會越來越懂得珍惜自己所擁有的一切，並且學著感謝他人。

不要成為名牌的奴隸

為什麼名牌對孩子而言這麼重要？根據筆者的觀察，一方面是因為電視、傳媒不斷地以廣告來刺激消費，一方面是班上同學會互相比較誰的鞋子、衣服比較新潮。由此可知，若是父母能以正確的價值觀來教育孩子，相信他們絕不會成為名牌的奴隸。

筆者一直以來都很崇尚王品集團董事長戴勝益的教育理念，他從孩子的孩提時代就告訴他們不能穿戴名牌，因為當你全身都是名牌時，和身邊其他的人就會顯得有距離。由於他不希望養成孩子過度重視物欲的習慣，因此戴勝益從來不會把孩子送到學費甚鉅的私立學校，他害怕孩子變得很在意他人的看法，甚至落入互相比較的循環。不過，戴勝益也強調，「節儉」並不是意味著穿著很寒酸、全身都是補丁，而是花在該花的地方。例如：孩子可以把買名牌的錢省下來，一旦出現任何增廣見聞的機會，就不要怕花錢，將錢花在刀口上，才是正確的用錢方法！

王品集團董事長戴勝益所提倡的不崇尚名牌，並不表示本身沒有品味，而是要藉由觀察來訓練自己的品味，舉例來說，女生在逛街時，只要觀察不同區域的穿搭

風格，像是逛東區、信義區等時尚地段，或是翻閱不同國家的雜誌，甚至在網路上研究衣服的穿搭法，一定能從中找到屬於自己的穿著品味。畢竟，穿著名牌並不等於時尚，穿對屬於自己的衣服才重要。

筆者秉持著人的欲望無限，當孩子的經濟尚未獨立時，盲目地追求名牌就是錯誤的消費習慣；當孩子經濟獨立以後，具備賺錢且滿足需求的能力後，在不欠債的消費下，愛怎麼花錢，都是他們的事。不過，若是孩子還在求學階段，所花費的錢不是自己賺取的，父母則要指導孩子學習規劃用錢的技巧。

事實上，我的兒女在小學時期，就具備自己賺錢的經驗，趁著寒暑假，我帶著他們到朋友開的民宿打工，七天的打工時間，報酬雖然不多，但是他們因此瞭解到，人必須付出努力才有收穫。在兒子的國中時期，因為班上同學都很崇尚NBA的籃球明星，曾經要求我買一雙三百元的襪子給他，最後，我給了他三十元，告訴他剩下來的錢必須用他自己的零用錢支付。從那次的經驗之後，兒子每次拿到零用錢，他會將錢分成三等分，一部分是必須花費，一部分是儲蓄金，一部分是買襪子的基金，不到三個月，兒子就用自己的零用錢買到夢寐以求的襪子。

親子理財壓箱寶

1. 提供孩子不浪費的生活環境

一般來說，現代家庭的經濟能力普遍不差，且因為子女人數較少，父母對孩子通常會特別寵愛，而在生活環境方面也會比較講求舒適度。不過，長時間下來，可能會養成孩子浪費、不懂得珍惜等惡習。

因此父母要讓孩子知道每一塊錢，都是辛苦賺來的，而不是想要就能得到的，所以要珍惜自己擁有的一切，千萬不要隨意丟棄或浪費資源。

例如：在玩具方面，由於年紀較小的孩子還無法分辨需要與想要，而班上的同學會比較擁有的玩具多寡，所以孩子經常會要求父母買跟別人一樣的玩具，而父母也會因為他們的央求，便予以購買。如果要求的東西是這麼容易取得，孩子將不會珍惜身邊的任何事物。挑選對孩子有益的玩具固然重要，但父母也要灌輸孩子「需要的爸媽會買，想要的自己存錢買」等想法。

此外，在日常生活方面，父母可以和孩子一起實踐節約能源等行為，例如：教他隨手關燈、關水；請他關掉沒有人看的電視等，自然而然地養成節

能省電的習慣。

2.和孩子一起討論「愛惜」的方式

除了以身作則之外，父母還可以用討論的方式，引導孩子養成不浪費的習慣。例如：在飲食方面，父母可以用「先吃一片看看，要吃再拿，不要咬一口就丟掉」的勸導方式來表達「愛惜」的方式，而不要過分呵護孩子，讓他養成「我不吃，爸媽會吃」的態度。

由此可知，不要一次給予孩子太多的東西，也不要因為孩子愛吃，就不斷滿足他，若是食物經常剩下一大半，肯定會養成孩子浪費食物的壞習慣。

父母也可以和孩子討論「使用東西時，要如何愛惜」，像是玩具不要用力摔、任何東西都必須輕輕放下等。此外，容易遺失物品的孩子，家長可以和孩子討論，如何為屬於他的東西做記號，並且讓孩子參與做記號的工作，學著辨識屬於自己的物品，這樣比較不容易遺失東西，即使遺失了，也容易辨認、找回來，而不會造成相同的文具、玩具一買再買。

以親吻、擁抱來代替金錢獎賞。

3.和孩子一起利用廢物做勞作

事實上，如果我們花點心思利用廢物做勞作，就會發現廢物其實有很多用途。例如：裝汽水的空罐子可以用來種花、養蝌蚪；舊報紙可摺疊成玩具等。鋁箔包的飲料盒再加上裝光碟片的底座和一片廢棄光碟片，就能輕鬆做出旋轉筆筒。

親子之間經由不斷地腦力激盪，訓練孩子自己動腦筋，並且化腐朽為神奇，如此一來，不僅能培養孩子愛惜東西、充分利用廢棄物的習慣，同時還有助於創作、思考能力的發展。如果玩具或用品壞了，家長也可以鼓勵孩子自行修理，不失為培養孩子惜物習慣的作法。為了孩子的教養，父母多花點時間、精力絕對非常值得。如果父母不知道該如何利用廢物做變化，可以參考相關的書籍，相信會很有幫助。

4.適時、偶爾給予孩子獎賞

當孩子年紀較小的時候，以親吻、擁抱，或者一句「我愛你」、「你好棒」來作為鼓勵孩子吃完食物、愛惜物品的獎賞。

很多父母在孩子長大之後，經常會不好意思以言語或行動來表達對孩子的愛。其實，親子關係的建立，應該從日常生活的行為中累積，因為對孩子來說，只要能夠獲得父母的親吻、擁抱或讚美，就是很大的肯定與獎賞，千萬不要漠視它所帶來的功效。

對孩子最好避免表現出「有求必應」或「息事寧人」的態度。當孩子的年齡稍長，家長可以在孩子表現優異的情況下，適時地帶些小玩具、小點心回家「獎賞」他。如此一來，孩子不但會覺得很有榮譽感，對於得來不易的獎品，也會好好地珍惜。

培養孩子正確的消費觀念。

父母應該從小開始建立孩子正確的消費習慣，並且充分融入日常生活中，透過無時無刻的機會教育，讓良好的消費習慣能夠深植於孩子心中。

隨著時代的進步，經濟的飛速發展，越來越多的父母都知道理財教育的重要性，於是開始給予孩子零用錢，然而，這些父母沒有經過深入的思考，對於如何培養孩子的理財概念，想法與作法都很模糊，藉著當下的直覺發零用錢給孩子，或是光憑直覺改變而隨意更動規則，前述這種類型的父母將很難針對孩子的突發狀況，做出適時的調整。

筆者舉個經常聽到的例子，文文是個獨生女，由於爸媽經常忙於工作，沒有太多的時間照顧女兒，深怕女兒身上沒有錢，於是經常給予女兒多於實際年紀該有的零用錢，以此彌補他們無法陪伴文文的內疚，而且，不管文文有什麼要求，爸媽都會想盡辦法滿足她，至於文文如何使用零用錢，他們從來都不管。

於是文文養成花錢如流水的消費習慣，每次陪媽媽逛街時，她都會買下一堆商品，並且產生莫名的成就感。由於文文毫無節制的消費，每次接近月底的時間，文文就沒有任何零用錢可以使用，於是她會向父母索取更多的零用錢。

必須從小培養的消費習慣

很多和文文類似的案例，在不同的孩子身上會有天差地遠的表現，一切端看父母要怎麼重新教育孩子的金錢觀。舉例來說，如果孩子決定要在月中，甚至月初就把零用錢一次花光，那他必須要思考，未來將有很長的一段時間，沒有零用錢可以買喜歡的文具、想吃的糖果、可愛的小玩偶等後果，當初因為一時衝動而花費全數零用錢的後果，都需要自己承擔。

因為人生當中充滿許多不同的取捨決定，故每當抉擇時，不只要考慮決定本身必須付出的成本，還得考慮因為這個決定而捨棄的選項，所要付出的最高代價。一切的取捨與責任感的培養，都會在零用錢的取得與花費中，隨著親子間的討論與協調慢慢地建立起來。

事實上，孩子在消費行為上出現的種種不良現象與父母平時的消費習慣有很大的關聯，有些家長希望培養孩子良好的理財價值觀，可是自己卻做不到，故無法替孩子樹立良好的理財典範。

筆者的朋友婷婷就是最好的例子，她是公司的中階管理階層，丈夫是一間骨科醫院的醫生。在別人的眼裡看來，她的生活似乎相當幸福美滿。工作之餘，婷婷經常會出入多間高級的養生SPA會館，做些日常的肌膚保養，每次大約消費上千元。她經常帶著女兒小蓉逛商場，地點都是位於高級地段的精品專賣店，以挑選剛上市的名牌服裝。因此小蓉在媽媽的影響之下，也成了小小購物狂，她的書包、鉛筆盒還有橡皮擦都是國外進口的，價格十分昂貴。有一次，她為了得到造型可愛的小熊橡皮擦，甚至把原本舊的橡皮擦丟掉，然後再以遺失的名義重新購買新的橡皮擦。

有一天，婷婷將家裡的每月支出製作成表格，她意外地發現，原來小蓉的消費金額竟然和她差不多。

當婷婷和我訴說女兒的消費行為時，我便直接指出，小蓉是因為受到她的影響，才會變得如此揮霍。婷婷聽完我的解釋後，決定要改變自己，再也不會如此崇尚名牌，甚至一年只去養生SPA會館一次，而且她會開始閱讀關於理財教育的叢書，希望導正小蓉不正確的消費習慣。

事實上，每個人都是在資源有限的狀況下逐漸進步。婷婷的女兒小蓉之所以會這麼揮霍無度，是因為婷婷沒有為孩子的零用錢設置上限，又沒有教導孩子如何以有限的金錢換取想要的東西，導致小蓉以為生活就是不斷消費與更新產品。

不過，消費習慣就和所有的課業一樣，都需要持續地練習，才會學到生活所需的消費技能。有鑑於此，各位愛孩子的爸媽千萬不要以為，零用錢一發下去，健全的價值觀與責任感就會自動出現在孩子的身上，爸媽必須做很多的事前準備，並且思考孩子可能會出現的反彈和疑問，才能讓零用錢的功能發揮到極致，以及順利培養孩子正確的消費習慣與承擔責任的能力。

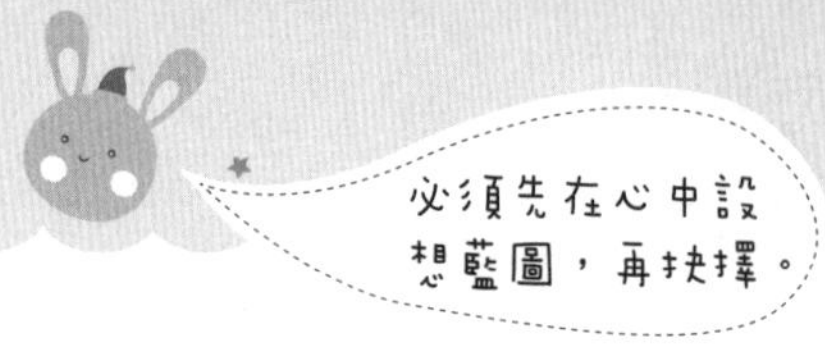

日常生活中，我們的每個決定幾乎都與金錢有關，如果孩子長大以後，才發現管理金錢的重要，此時父母再教導理財，他們的習慣通常已經養成，而且很難改變了，因此父母應該從小培養孩子正確的消費習慣，而發零用錢給孩子，就是理財教育最好的開端。

建立機會成本的概念

筆者在前面有提到關於機會成本的概念，機會成本是指被放棄而價值最高的選擇，又稱為「替代性成本」，也就是所謂的「有得必有失」。一般來說，被捨棄的選項所具備的價值或選擇者的喜愛程度改變時，機會成本並不會改變，因此作抉擇時，應該要選擇機會成本最低的選項，通常以失去越少越明智為原則。

在日常生活中進行抉擇時，簡單的事情也許只需要決定一次就好，更多時候，抉擇是一連串的過程。也就是說，進行完第一次決策之後，接踵而來的是一連串的抉擇，而這一連串的抉擇如果被串連起來，還會視不同的情況而改變。

例如：假日想和家人一起去購物，就要先和家人商議購物內容、時間、地點、

交通工具等。前述的這些選擇都和機會成本相關。

其實與機會成本相關的案例實在很多，不論是消費還是投資理財，幾乎都和選擇有關。舉例來說，美美準備穿昨天買的新衣服到公司亮相，但今天卻是個下雨天，於是她開始選擇要開車還是搭公車上班。開車的好處是，不會因為淋雨而把衣服弄濕，但需要支付油錢、停車費等花費；而搭公車只要三十元，卻要冒著新衣服可能被雨淋濕的危險。最後美美選擇了開車上班，雖然花了一些錢，但新衣服亮麗完好，而且還得到同事們的讚美，換得一整天的好心情。

由前述例子看來，人們在選擇時，並不會只考慮到實際的金錢支出，車資的相關費用雖然比三十元多，卻可獲得好心情，這就是筆者經常和兒女提到的「心理價值」，也稱之為「機會成本」。

由此可知，讓孩子懂得機會成本的概念，將有助於建立孩子正確的價值觀。因為懂得機會成本的孩子，每次在做決定時，將會針對最壞或可能會發生的狀況做推論以及盤算，同時也會為自己推算過的決定承擔責任，未來較不容易失望或後悔，若是發生預料之外的事件時，也能夠沉著面對與處理。

在生活中活用機會成本

筆者認為，在生活中活用機會成本的概念，不僅是培養孩子謹慎做決定的關鍵要素，也能讓孩子養成凡事都要考量機會成本的習慣。

我會以發零用錢當作訓練寶貝兒女思考的機會，當他們獲得或支出一筆錢，都必須三思過後，再進行消費，我會將能夠讓孩子做決定的機會都讓他們抉擇，而當他們選擇其中一項時，我會再次提醒他們，還有另一個選項。像是在吃飯時，桌上有孩子愛吃的蝦仁炒飯和之前沒吃過的什錦炒麵，若是他們今天選擇從沒吃過的什錦炒麵，我就會一邊盛蝦仁炒飯，一邊對他們說：「今天的蝦仁炒飯裡的蝦仁看起來好新鮮，聞起來好香喔。」他們看到我的表情，有時會執意嚐鮮，有時會選擇最愛吃的蝦仁炒飯，我會按照當時的情況進行機會教育。

當初筆者的兒子在填選高中志願時，一直很猶豫要選擇建國中學，還是校風較為自由的師大附中，我請他列出兩校吸引他的地方，以及兩校的缺點，即便我是建中的校友，我卻不會干涉他的抉擇，希望讓他自己決定想要就讀的學校，最後，兒子深受師大附中的開放校風所吸引，選擇就讀師大附中。

孩子每一次的決定，我都不會評論他們的選擇，因為每一種失去和得到的價值，都是很難被計算的，而且每種選項對孩子的心理價值也大不相同，我只希望在他們抉擇之前，一定要思考所有的利弊得失，試著多考慮一分鐘，並在決定心儀的選項時，還會想到沒被選到的另一個決定。

生活中的機會成本訓練，通常和錢沒有關係，我希望教育的是孩子能夠自行取捨的能力，並為自己的決定負責，同時別讓自己有後悔的機會。

以相對價值認識商品價格

一般來說，尚未接受理財教育的孩子，其金錢概念較為不足，根本無法理解十、一百、一千元的差異，故要對孩子解釋價格的多寡，應該要以相對價值來解說。父母必須先將孩子想要的商品，經過價格的換算後，變成另一項孩子知道並且理解價值的東西。舉例來說，我家的兩個寶貝都很喜歡吃可樂果，因此，從他們的小時候開始，每當遇到寶貝們看到想購買的商品時，我都會將價錢換算成好幾包可樂果。在無形之中，他們也知道哪些東西的價格過高，以及哪些商品和可樂果的價值相當。

最初，孩子可能無法理解商品的價格高低，漸漸地，他們會從一次次的換算經驗，變得更清楚金錢的價格與功能，未來當父母想要描述某項消費的高低時，就能以類似的方式，來解釋商品價格與價值。孩子將能自行判定商品價格，進而決定購買與否。

不用金錢維持人際關係

小星是我的補習班學生，每次他都很早到補習班來，我不知道他是否吃過晚餐才進來補習班，或是只吃個便利商店的食品，所以我便向他提出我的困惑。沒想到小星竟然說：「我必須要省下晚餐錢，才可以購買網路遊戲的點數。」我看著他眼睛下方的黑眼圈，就知道小星一定是網路遊戲的沉迷者。他認為人際關係需要仰賴共同的網路遊戲，所以他必須要存錢購買點數，才能和同學有共通話題。他誤以為人際關係是建立在金錢上，我試著改變小星的想法，勸導他少玩網路遊戲，轉而進行一般的休閒活動，而且我還告訴他，人與人的關係是無法用金錢衡量的。最終小星把我的話聽進去，再也沒有沉迷在網路遊戲裡。

親子理財壓箱寶

1. 將消費分成必要、需要、想要

按照消費行為，大致上可以把消費行為分成三種類型，即想要、需要、必要。顧名思義，必要是為了滿足基本的生存需要而進行的消費；需要是為了提升自身品質而進行的消費；想要則是為了讓自己的生活更舒適的消費行為，通常想要的花費是可有可無的。

為了讓孩子釐清必要、需要或想要，家長應該和孩子一起進行購物遊戲。舉例來說，每當孩子在購物之前，我總會請他先判定，這是必要、需要還是想要，例如：吃飯是必要，吃飽是需要，吃甜點是想要；上學要用的基本文具是必要，不同種類的筆是需要，同類但是比較新潮的擦擦筆是想要。

最後，孩子會慢慢發現這三種消費的不同，並且舉一反三地和我討論。

2. 請孩子量入為出

很多孩子在選購商品時完全憑藉自己的喜好，他們從來不在乎這些商品

可以省下的開銷，
要能省則省。

的價格，只要是自己喜歡的商品，就會要求父母買。故家長可以延續筆者所提到的機會成本概念，請孩子評估購買與否，並且將消費習慣分成必要、需要、想要，甚至在挑選商品時，思考家裡的經濟條件，對於可以省下的開銷，要能省則省，進而讓孩子學習同理心和取捨，以及喜歡的東西必須經由努力獲得，而非伸手可得。

此外，家長可以教導孩子根據季節選擇最合適的購物時機，像是百貨公司每年都舉辦的換季出清，或是換季大拍賣，其實只要多注意相關訊息，一定能買到物美價廉的商品，但也不能因為價格較低，就忽視商品的質感，千萬要仔細檢視商品。

3.用不同的眼光看待廣告

家長應該教孩子學習用不同的眼光看待廣告，一般來說，商家為了讓自己的商品銷售成績亮眼，故借助廣告的促銷手段。不過家長應該讓孩子知道，在廣告中，一定有些商品內容是被商家誇張化，因此不能光憑廣告來斷定商品的優劣。

我很喜歡觀看廣告，因為我認為好的廣告能刺激想像力和創造力，所以當我看電視時，我不會看到廣告就轉台，而是觀察不同的廣告類型，以什麼觀點在推薦產品，並且觀察廣告所營造出來的氛圍。我希望我的兒女能以觀賞的角度來看待廣告，並能從中研究出行銷的概念。

此外，在選擇商品的時候，父母應該告訴孩子，必須結合自身的需求選擇最合適的商品，而不是依據廣告來購買商品，並教導孩子比較價格和品質，當他們發覺廣告並非商品的真實面貌時，他們將會懂得慎選商品，同時了解到廣告有時並不是如此可信。

4. 和孩子分享購物小撇步

父母應該多和孩子分享購物的小撇步，經常與孩子進行討論，讓親子雙方說出共同的想法。如果孩子的消費目的正確且合理，家長可以適時地讚許他們，若是孩子的消費觀念錯誤，就應該進行糾正，並且分享自己的購物方法，像是在購物之前要先比價，再購買等技巧。

貨比三家不吃虧。

貨比三家不但不吃虧，還能訓練腦力，而比價時必須快速計算，才能知道那一家最便宜，不時刺激腦力激盪。

事實上，父母能以貨比三家的方式來訓練孩子克制欲望。根據史丹佛大學所提出的棉花糖理論，能夠延遲滿足、克制欲望的孩子，他們未來成功的機率比較高。

在實驗中，把孩子單獨留在房間裡，並發給每個人一塊棉花糖，孩子可以選擇馬上吃棉花糖，或是等待十五分鐘後，就可以再多拿一塊棉花糖當作獎賞。研究追蹤後發現，剩下最多棉花糖的孩子，他們長大後，屬於較富裕的一群，像是醫生、商人、律師等。

延遲滿足能力強的兒童，未來較容易發展出強韌的社會競爭力、較高的工作和學習效率；具有強烈的自信心，能夠應付生活中的挫折、壓力和困難；在追求自己的目標時，更能抵制即刻滿足的誘惑。若是延遲滿足的能力發展不足，孩子在未來的成長過程可能出現一些不良的行為習慣，如邊做作業邊看電視、上課時東張西望、做小動作、無法耐心等待、性格急躁，進入青春期後，在人際交往中顯得羞怯、退縮、固執，優柔寡斷；遇到挫折容易心煩意亂，遇到壓力將退縮不前或不知所措。由此可知，延遲滿足的確能讓孩子具備耐心等待的能力，而貨比三家的購物方法也是訓練孩子延遲滿足的方法之一。

教孩子辨識商品的好壞

一般來說，在挑選商品的時候，不僅要看商品的價格，更要辨識商品的品質，而品質通常會反應在價格上。因為市面上經常會出現相同種類，但是品質相差甚遠的商品。若是孩子無法辨識商品的品質，以優質品的價錢買到劣質品，豈不是很吃虧，故筆者每次帶孩子到超市買菜時，都會請孩子先看價格，以及產地，因為我認孩子必須學習辨識商品的優劣。

為在地的農產品通常會比國外進口的新鮮，所以我喜歡購買台灣生產的農產品，再檢視製造日期與保存期限，挑選最新鮮的商品。一開始，孩子們不能理解我的目的為何，直到兒子有次買到了一整盒不新鮮的雞蛋，回到家敲開雞蛋時，才發現是一盒臭掉的雞蛋。從此以後，女兒和兒子都會很專心地聆聽我的採購技巧。

少辰是我的補習班學生，他的成績最近進步很多，所以他的爸爸決定買隨身聽給他，段考結束以後，少辰與爸爸一起去逛光華商場，最後他們選擇了外觀看起來相當實用的隨身聽。經過爸爸討價還價之後，最終以一千五百元的價格成交，於是父子倆高興地回家了。

可是不久後，隨身聽開始出現問題，原本只是在播放時會有些微雜音，但雜音漸漸地越來越大聲，最後無法開機了，於是他們拿著隨身聽到了那間商店，不過老闆的態度十分惡劣，甚至不承認隨身聽是在他的店面販售的。心急如焚的父子倆重複描述購買時的情景，然而，老闆依舊翻臉不認帳。爸爸只好帶著少辰來到消費者基金會，希望能夠獲得幫助。工作人員仔細地看看他們手中的隨身聽，然後說出一句令人驚訝的話：「這個隨身聽是仿冒品。」

工作人員接著說：「雖然這個隨身聽看起來和名牌產品一樣，但是他卻沒有生產的商家名稱，也沒有工廠地址，若是有問題，將無法解決。」

因為少辰和爸爸當初在購買時只顧著殺價，所以沒有開立發票，但是工作人員表示沒有票據的證明，他也無能為力，於是少辰父子倆只好垂頭喪氣地回家了。聽完少辰的經歷，我拍拍他的肩膀，並且告訴他，我也曾經因為貪圖便宜，而買過劣質商品，畢竟，上一次當，學一次乖，就當作花錢學經驗。少辰聽完我的話，心裡覺得舒服多了，才微笑了起來。

一般來說，劣質品具有共通性，那就是他們的價格很低廉，因此當消費者願意出價時，商家都會在價格上給予讓步。不過，劣質品的原料和做工通常都很粗糙，但他們為了牟取暴利，可能會盜用名牌的包裝。通常只要細心觀察，就會發現它和名牌商品的區別，故父母要指導孩子在購買商品之前，詳盡地檢查商品，以免和少辰父子一樣受騙上當。有鑑於此，父母必須培養孩子判斷商品品質的技巧，經常指導孩子辨識品質的小撇步。

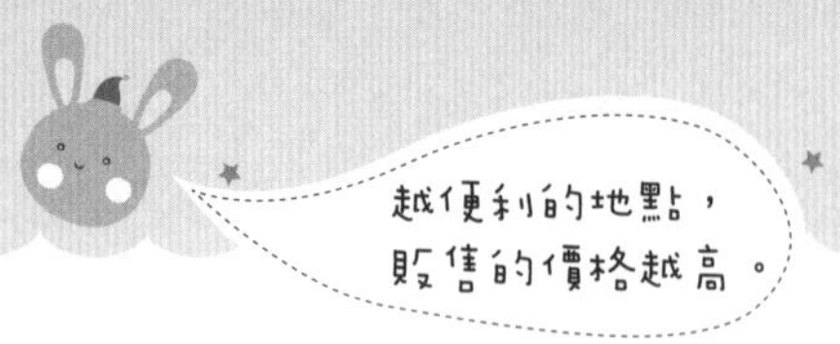

通路不同，價格有異

市面上，有各種不同的通路，以飲料為例，販賣的地點分成大型量販店、超市、便利商店等不同通路。根據筆者觀察，在不同通路販賣的價格皆有異。一般來說，商品的行銷策略，通常會先將通路細分為便利商店、大賣場、量販店、超級市場、軍隊營站及全聯社、傳統雜貨店等，而商品在不同的通路的包裝也有所差異，因為人們在不同通路消費時，他們的消費習慣也會隨之改變，所以在不同地點所需要的產品也不一樣。由此可知，越便利的地點，商品的價格會越高，而越偏遠的地點，其販售的價格會越低。舉例來說，大型量販店通常位於偏遠的郊區，飲品包裝數量多，價格換算起來比較便宜，而便利商店幾乎都開在市區等較為便利的地方，為了滿足消費者貪圖方便的需求，商品以罐裝為單位，因此價格換算起來，相對比較貴，故通路不同，價格也會有差異。

有鑑於此，父母在購買商品時，必須教孩子看價錢，並清楚地讓他們知道，貨比三家不吃虧的道理，我曾經在電視上看到台中縣有一名補習班老師，六年來，靠著不斷比價，並從大賣場傳單找出市價最低廉的日用品，每個月都能省下一半的日常開銷。

事實上，不僅在大賣場可以省錢，在百貨公司也有同樣的資訊落差。例如：我很喜歡某個品牌的襯衫，一件襯衫通常要四到五千元，我連續比較三間百貨公司的商品後，發現忠孝東路上的百貨公司貨色最多、最齊全，明曜百貨的價格則是比較低，但屬於中規中矩款，較少流行款，而同樣的衣服，在天母的價格最高。

「一件襯衫在不同地點，價格可以是五千、兩千五到一千五百元！」所以，購買一樣商品，真的要貨比三家才不會吃虧，因為資訊的取得與追蹤就是吃虧與否的關鍵，同樣是花錢買襯衫，我就省下了好幾千元。

此外，在添購日用品時，我最喜歡到著名的大賣場以批發價格購買商品，因為一次大量購買的數量，其換算起來的價格最超值，所以我總是會告訴孩子，千萬別小看金錢累積的威力，如果每個月都能省下同樣的錢，做定期定額的基金投資，二十年後，大約能夠回收一百五十五萬元。

適時適地的學習比價

為了讓孩子更瞭解商品，父母應該告訴孩子，購買商品一定要比價。這樣一來，才能知道商品大致的定價是多少，同時這也是為了自己的購買預算作準備。筆者身邊許多朋友，都曾有過類似的經歷，購買之後才發現自己買貴了，或是買到瑕疵品卻不能退換，而多花了許多冤枉錢。探究其根本原因為，沒有事先做市場調查，商家所提出的價格其實很高，但由於朋友不知道商品的市場價格，而被聰明的商家騙錢。因此我在購買商品之前，一定會先上網看看網路的價格是多少，再到不同的店家比價，最後挑選最超值的商品。

彥明是我的補習班學生，他的數理能力很強，經常在上課之前，與我討論數學習題，這一天，他穿著一雙嶄新的球鞋和我討論問題，便馬上和我炫耀：「老師，你看我的新球鞋，這是我媽昨天和我一起去買的。」彥明接著繼續和我訴說昨天的經過，彥明和媽媽到公館去選購球鞋，在第一間店裡，彥明一眼就選中腳上的球鞋，媽媽便問店員球鞋的價格是多少，於是店員開始天花亂墜地吹捧這雙鞋子，最後說明這雙球鞋現在特價一千元。接著，媽媽很客氣地跟售貨員道謝，然後就轉身

離開了，彥明感到很納悶。

接下來，媽媽帶著彥明到了第二間店，他們看到了一雙同樣的球鞋，媽媽又問了價格，他們發現這雙鞋的價格只要九百元，媽媽依然帶著彥明迅速離開了。

最後，媽媽帶著彥明到了第三間店，一問之下，他們才知道，那一雙球鞋在這間店只要八百元，接著媽媽以八百元的價格買下原本需要花費一千元的鞋子。

媽媽決定把省下來的兩百元給彥明當作零用錢，彥明也因此知道貨比三家的重要性，並且下定決心，以後在購物之前都要做好萬全的準備，才不會受騙上當。聽完彥明的分享後，我笑著對他說：「媽媽省下來的兩百元，不但讓你增加零用錢，也讓你上了一堂理財課。」從此以後，彥明在購物時，都會在各店家比價，最後再以最超值的價格購買。

別小看零錢的威力

現在很多孩子對於殺價感到很不好意思，通常他們的家境比較富裕，所以他們不願意和商家討價還價，此時，父母應該教導孩子正確的觀念：殺價一方面能以更任何金錢都是辛苦賺來的。

便宜的價格買到喜歡的東西，另一方面也可以磨練孩子談判、應對的技巧。

一般來說，不好意思殺價的孩子可能是欠缺相關經驗，或是他們的家長從來不殺價，因此不知道殺價的原因何在，也不在乎買東西的時候多花一點錢。然而，筆者卻認為零錢的力量比基金、股票都還強大，而且累積的方式更輕鬆。人們經常會忽略身邊的零錢，但如果認真計算起來，花費的零錢數字其實非常可觀，而對於零錢所缺乏的價值感，總是讓我們在無意識的情況下，把錢花掉了。

筆者在這裡並不是要宣揚殺價的必要性，而是希望父母能讓孩子知道勤儉生活的重要性，即使省下來十、二十元的零錢，都是很珍貴的財富。

如果不懂得珍惜這些得來不易的錢，終有一天，將會坐吃山空，故父母可以告訴孩子：「節省零錢所做的任何努力，都能讓人感覺到幸福。」因為愛惜金錢的精神能讓人產生積極且正向的思考，不管是以殺價或比價所省下的任何零錢，都是創造孩子成熟人格的生活體驗，藉由省小錢以存大錢的習慣，讓孩子瞭解到零錢就是累積財富的基礎。

親子理財壓箱寶

1. 孩子應該具備的殺價技巧

父母應該讓孩子明白，殺價是一門技術，在練習殺價之前，孩子應該具備的基本功就是多逛幾間商店，讓孩子比較不同商家的商品，並且分析商品的價格、品質、款式等，然後選出自己最喜歡的商品。接著，評估自己的經濟狀況，選定商品以後，再和店家討價還價。通常孩子對商品瞭解的資訊越多，就能夠越快找到適合自己的商品。

此外，孩子在購物之前，家長可以結合自己的消費經歷，把某些商品的報價和成交價格的大致比例告訴孩子。如此一來，孩子就能確定商家可以接受的最低價格，並且提高殺價成功的可能性。當殺價陷入僵局時，某些招數可以令商家投降，像是說出其他商家以多少錢的價格銷售，或是以價錢太高為由，表現出想要走開的姿態等。即使自己特別喜歡某件商品，也必須裝出一副可要可不要的姿態，通常商家會以降價來就範，但如果商家知道你非常想這項商品，他們將不會輕易降價。

2.培養孩子檢查商品的習慣

俗話說：「貪小便宜吃大虧。」這句話的意思是，購物時不能一味貪圖便宜。孩子通常很容易因為貪圖便宜而買到劣質品，所以平時購物時，父母應該盡量帶孩子去正規的商場，其商品的品質較有保證，即使出了問題，也易於解決。

很多孩子因為沒有檢查商品的習慣，光看到精美的樣式就想要購買，而後才知道自己受騙上當。事實上，無論是家長或孩子，在購物時，一定要確實檢查物品的商標、電話、防偽標示、生產批次、廠址等資訊。當這些資訊不齊全的時候，一定要特別注意，因為此商品可能是劣質品。

3.讓孩子學會維護自身的利益

孩子必須學會維護自身的利益，若是買到冒牌貨，千萬不能忍氣吞聲，或是因為麻煩就自認倒楣，一定要向相關單位投訴，勇敢地站出來維護自己的權益，即使無法獲得補償，但因為你的告發，能夠防止更多的消費者受騙上當。

學習制定理財計畫。

如果事先制定理財計畫，就不會花費額外的金錢，像是飲料、點心、電玩遊戲卡等，都會因為理財計畫而省下來。

現代許多草莓族不知道該如何分配自己的錢，因此總會讓自己陷入財務危機，於是新聞媒體幫他們取了個名字——月光族。這些人幾乎都是剛從大學畢業的新鮮人，他們雖然具備專業知識，卻沒有理財能力，所以到了月底，他們的薪水幾乎是所剩無幾，有時候還必須向爸媽伸手要錢。

雖然月光族的出現和目前的就業環境有很大的關係，不過缺乏理財能力，也是教育不容忽視的問題。如果月光族小時候曾經接受過理財教育，並能量入為出、制定理財計畫，並嚴格執行，也不至於出現這麼多的月光族。有鑑於此，從小教育孩子理財的重要性，當孩子長大後，就能量入為出，為自己的生活負責。

不能縱容孩子的消費欲望

隨著孩子慢慢成長，父母給予的零用錢將會越來越多，同時他們的消費欲望也會越來越強烈，而市面上有趣的商品將不斷推陳出新，如果家長一味地迎合孩子的消費需求，無疑是縱容孩子的欲望。

故家長應該在孩子的小時候，讓他們學著制定合理的理財計畫，並且練習編列預算，才會清楚地知道零用錢都花到哪裡去。

有些家長不願意帶著孩子去逛玩具店或超市，因為孩子看到那些琳琅滿目的商品，其購買欲望將會被點燃，便開始以哭鬧等方式，渴求父母滿足自己的欲望，此時，某些心軟的父母往往就會順著孩子的意思購買。事實上，聰明的家長只要善用巧妙的方法，就能讓孩子有效地控制自己的欲望。

筆者的好友趙老師就是一位很聰明的媽媽，她有個乖巧伶俐的女兒。有一次，

她帶著女兒去超市購物，為了防止孩子在超市裡不停地和她索取商品，於是好友想出了聰明的辦法。

她對女兒說：「寶貝，媽媽今天要帶你去超市，你可以選購一樣自己最喜歡的商品，不過它的價格必須在五十元以內。但是媽媽要提醒你，如果你堅持購買超過五十元的商品，媽媽下次就不帶你一起去逛街了。」女兒聽完媽媽的話以後，很興奮地跳了起來。

於是好友帶著女兒高興地去超市了，由於孩子可以自行決定購買的商品，因此她顯得特別興奮，在玩具櫃前面，她拿起了好幾款兔子娃娃，相互比較了很久，最後決定買下其中一隻兔子娃娃，它的價格並沒有超過媽媽所規定的五十元。好友還驕傲地和我說女兒挑選時的認真模樣，絕對不亞於任何挑選商品的成年人。

我的好友非常聰明，她事先限制了孩子的購物價格，然後讓孩子在價格以內選擇自己喜歡的商品。而在過程當中，孩子其實已經在制定支出計畫了，同時孩子也明白自己的支出上限就是媽媽給予的五十元，她知道不能買更貴的商品，因此她不會將那些高價位玩具列入考量。

有時候，成年人也會因為一時衝動而買下商品，但是經過一段時間後，才發現自己並不是特別需要它，當時可能受到了廣告的影響，或者順應盲從的心理，導致自己也跟著大家購買。

為了減少衝動購物的發生，家長可以和孩子一起制定理財計畫表。在購物之前，請孩子列出自己欠缺的商品清單，然後按照清單上的商品進行購物，才能有效地減少因為衝動而盲目購物的情況。

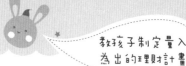

和孩子一起訂立目標

根據美國的研究顯示，教育學者針對同所大學的一萬名應屆畢業的大學生做追蹤調查。其中對自己的未來沒有目標的學生占總人數的兩成，有目標但目標模糊的學生占總人數的六成，有明確目標的只占了一成，而具有明確的目標合理規劃的只有一成。

多年以後，研究單位分析這些學生的生活狀況發現，他們的現況和當年訂立的目標具有十分密切的關係。那些沒有目標的學生，很多人都窮途潦倒，無法照顧自

己的生活，而不得不依靠社會組織的救濟和子女的贍養過日子；而那些在畢業時有模糊目標的人當中，大部分的人憑藉著自己的技術過活；而具備明確目標的少數人則成了高階主管，有的人還是公司的支柱；而那些合理規劃明確目標的人，則成為各個領域中的頂尖人才，由此可知，訂立目標真的很重要。

讓存錢成為全家的共同目標

卡債風暴曾經襲擊全台，卡奴讓台灣社會從「每個人都很會存錢」的舊有觀念中驚覺，原來目前的七年級生對於金錢的使用方法，和信用的認知觀念竟然如此薄弱，同時也凸顯出台灣社會普遍處於「理財文盲」的層級。

探究其原因，主要是因為金錢和性觀念，皆是父母避而不談的話題，但性觀念會隨著社會逐漸開放，因此可以發現人們對於性觀念已不如以往保守，不過，理財依然是家長忽視的教育。但如果孩子沒有正確的理財概念，未來可能會因為錯誤的理財方式，而讓全家陷入被討債的局面。有鑑於此，父母應該向下傳承自己的理財觀念，並且和孩子一起學習理財。

目標對於孩子的理財計畫來說，十分重要，因為這就是孩子存錢的目的，當孩子有了確切的目標之後，將會朝著既定的目標努力。畢竟要孩子忍耐著不花身上的零用錢是很辛苦的一件事，所以當他在每個月完成應該達到的儲蓄目標時，父母可以給予孩子一些小獎勵，並鼓勵他們設立更難達成的目標。

孩子若能從小建立理財基礎，未來才具備選擇的能力，而孩子邁向成功人生的機率才愈高，並能選擇他所想要的人生，成為他想成為的人。

舉例來說，每年我都會帶著孩子一起旅行，並要求我的一雙兒女為我們的旅行存錢，我會按照一定的比例，每個月從他們的零用錢裡扣除玩樂基金。一開始，他們無法適應零用錢必須被扣除一部分的錢，但是重複同樣的規律好幾年後，全家人一起存錢出遊的習慣，已經變成我們家裡心照不宣的共同計畫。

事實上，要和孩子一起共同存錢，必須具備兩個要素：

1. 規劃人必須讓理財計畫持續下去

家中理財觀念最完整的人，作為主要規劃人，而規劃人還必須扮演風紀股長的角色，要求並管理全家共同收入，適時地精神喊話，讓全家人能夠為了共同的目標

持續努力。

2. 一定要讓全家人訂定共同目標

當全家人達成共識並訂下共同目標後，接下來的存錢執行計畫，才是「全家一起存錢」能否成功的關鍵，像是出國旅遊、買家具、共同玩樂的器材等，只要是家人可以共同分享的事物，均能當成目標。若是家人沒有一起設定共同目標，大家只是毫無目的地存錢，通常都會不了了之。

共同存錢，培養家庭凝聚力

存錢的過程可以訓練家庭的理財力、溝通力、執行力、團結力。因為家人透過訂定預算表，同時為了節省開銷進而省錢、存錢，並且捨棄自己原本渴望的商品來換取家人的共同目標以訓練理財力。在討論目標和講解理財概念時，不但有助於訓練彼此的表達能力，還能學習互相理解包容的溝通力。

全家人按照步驟，並且共同檢視理財計畫的優點和缺點，適時地討論與調整等執行力。本來大家各忙各的工作或學業，但因為理財計畫，讓家人能夠同心協力完成一件事的團結力。到最後，父母和孩子會發現，存錢不過是為了讓家人更靠近的過程，結果反而沒那麼重要，因為最珍貴的回憶就是在計畫實行的階段，藉此凝聚家人的意識，解凍彼此間的距離。

學習支配金錢

我有位朋友是工廠的負責人，他對孩子的期許就是，希望他們能夠累積財富，同時還能自行支配金錢，所以朋友經常告訴他們，存錢才能製造財富。孩子上了國中後，朋友就開始訓練他計算一個禮拜的交通費、伙食費，而他會再給他們必要支出的一、兩成，當作孩子的零用錢，同時請他們確實存錢。

朋友將金融卡交給孩子使用，並且替他們保管存摺，他每個月會查核存摺金額，如果當月達到存錢目標，朋友會在某一天，不經意地贈送禮物給孩子。

朋友告訴我，他看到很多人沒有積蓄，還向銀行貸款，卻還不出來，從此變成金錢的奴隸，他不希望孩子成為那樣的人，所以朋友訓練他們自行支配金錢，養成未雨綢繆的習慣。聽完朋友的分享，我深感贊同，正是因為他徹底貫徹每天都要存錢的習慣，現在，他們一家人都習慣存錢。畢竟剩下來一元，就是賺到一元。

親子理財壓箱寶

1.確立具體的儲蓄目標

我曾經在美國讀過書，當時認識的許多朋友都會選擇在暑期打工。他們通常在開始工作之前，會先擬定存錢目標，並且計算出他們必須以多少的打工時數來換取最終的存錢目標，當時我很訝異他們這麼早就開始理財了。於是我也開始研究理財，並請教朋友相關的知識，因為我希望自己能夠具備專業的理財能力。身邊的朋友告訴我，一開始擬定的目標非常重要，一旦決定目標之後，逐步地實踐即可。

也許是一雙名牌球鞋、一只好看的皮包、一臺遊戲機，甚至是一趟國外旅遊等，只要能夠引起存錢的渴望，就是具體的理財目標。

由此可知，父母一定要和孩子一起制定明確的目標，當孩子有具體的目標後，就能一步一腳印地實現它。

隨著孩子的年紀增長，他們的目標也會跟著改變，可能從一雙鞋變成一輛汽車，一臺遊戲機變成一間房子。其實，只要父母從小和孩子一起討論他的夢想，並且設定稍微努力就能達成的目標，每次增加一點難度，久而久之，孩子將會為了心中的理想目標，有計畫地存錢、賺錢。

2. 編列理財計畫，讓孩子理性消費

有計畫地編列理財計畫，可以簡化花錢的決策過程，並能協助孩子成為理智的消費者，再也不會被不需要、又不是真正想要的物欲所左右。

一星期的零用錢怎麼花，一個月的餐費怎麼算，一學期的生活費怎麼分配，一年的家庭生活開支怎麼編列，而為了達成財務目標而擬定的存錢計畫，都可以納入理財計畫。

此外，可以在理財計畫上的支出項目，找出哪些是必要，哪些是非必要。教他分辨「需要」和「想要」。例如：選擇多喝一瓶可樂，可能會讓這個禮拜的收支陷入不平衡，促使購買遊戲軟體的時間被迫延長，以親子討論的方式讓孩子了解機會成本，懂得做出正確的選擇。

由此可知，要讓孩子學會編列合理的理財計畫，首先應該引導他們分析自己的日常消費。檢視自己在哪裡花費過多的金錢，以及哪方面的消費金額

占得比例偏高。

孩子將會發現，自己竟然在不知不覺中，買了這麼多「想要，卻不需要」的商品。未來，當孩子在購買商品之前，他就能理性地判斷購買與否。

3.父母要當孩子的理財幫手

當孩子制定理財計畫後，父母還有一項很重要的工作，那就是當孩子的理財幫手。

父母必須要監督孩子是否按照訂立的理財計畫行事。這麼一來，制定計畫表才具有意義。

如果孩子能夠按照自己事先制定的理財計畫來存錢，父母一定要及時地表揚孩子，並給予他們獎勵。另一方面，當孩子沒有按照計畫進行消費時，父母就應該適時地處罰，像是減少零用錢等。

4.協助孩子記錄收支

曾經在美國求學過的我，因為身邊的朋友個個都是理財高手，再加上留

記帳能提升孩子掌控金錢的能力。

學生活的花費金額龐大，我必須學著自己管理為數不多的生活費。我開始天天記帳，不管是房租、交通費、餐費，金額再小的支出，我都會記得清清楚楚。

如今，我把記帳的技巧傳承給我的子女，因為我知道記帳是面對金錢的第一步，要知道每一筆錢的花費，才能建立數字概念，所以父母一定要讓孩子學習記帳。

針對年紀較小的孩子，家長可以從旁協助與指導；而對於那些年齡稍長的孩子，父母則應該鼓勵他們一絲不苟地把所有的消費項目都記錄下來。如此一來，父母不但可以對照記帳本來分析孩子的消費行為，同時還能夠提升他們掌控金錢的能力。

教出理財小幫手。

教孩子理財，比給予孩子零用錢還重要許多，瞭解理財的他們有時還是父母的小幫手，甚至能以旁觀者的角度告訴家長，哪裡還可以做得更好。

親戚家的孩子如果遇到數理難題時，經常會拿來問我，大偉就是其中之一。他對於數理的相關議題都很有興趣，不過，在他們家裡，金錢卻是爸媽避而不談的話題。某一天，大偉看到爸媽的床頭放著一本精緻的筆記本，在好奇心的驅使下，他開始翻閱筆記本，才發現原來這是媽媽的記帳本。這本筆記本清楚地記錄著他們家的收入來源、資金的支出等內容。小至買幾顆水果，大至購買家電，每一筆支出都

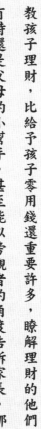

記錄得毫不馬虎。

正當大偉準備仔細研究的時候，媽媽突然出現了，且大聲地對他說：「大偉，趕快放下那本記帳本，那些都是大人處理的事情，小孩子不應該看得太多。」一聽了媽媽的話以後，大偉就趕緊放下記帳本離開了。聽完大偉的困擾後，我便告訴親戚理財教育的重要性，漸漸地，他們也會讓孩子一起參與家庭的理財計畫，後來大偉在詢問數學習題之餘，還會和我討論關於理財的疑問。

其實，每個家庭都有一本帳冊，上面記載著家庭的收入和支出，但是許多思想傳統的家長都會像大偉的媽媽一樣，不希望孩子太早瞭解家庭的財務狀況，導致孩子對於家庭的財務現況一無所知，即使父母遇到財務危機，孩子也毫不知情，但理財專家卻認為，讓孩子得知家庭的經濟狀況，是和他們進行理財溝通的第一步。

以我的觀點來看，盡量讓孩子瞭解家庭財務的全貌，像是告知他們家中的房貸、車貸等貸款，不但能讓孩子體會還錢的壓力，還能感受到父母賺錢的辛苦，對他們具有正面的幫助。因為孩子是家庭成員之一，所以參與家庭理財，既是他們享有的權利，也是他們應該履行的義務。當孩子知道家裡的收入和支出狀況時，他們

才能設身處地，並感謝父母為家庭所付出的一切。此外，孩子在參與家庭理財計畫的同時，他的理財能力將會在無形中獲得提升。

有鑑於此，家長不要在孩子和家庭財務狀況之間畫上無法跨越的鴻溝，而是要把家庭的財務狀況公開，讓孩子也加入其中。事實證明，讓孩子進入家庭理財的活動中，將會在無形中增強他們的理財能力。由此可知，父母在做重大決定之前，必須和孩子進行商討，並且充分尊重孩子的觀點，此舉將有利於增強他們的自信心。

絕不能讓孩子養成賒帳惡習

在筆者的小學時期，家裡附近的雜貨店，都會有一本與眾不同的帳冊。當時因為眷村都只有一間雜貨店，而鄰居們都很熟絡，所以家長們都會派孩子到雜貨店購買生活日用品，並且記錄在帳冊上，每個月結清一次。

前陣子，我看新聞時發現，在某些鄉下城鎮，學校附近的商家也會讓孩子賒帳，可能是作業本、橡皮擦、泡泡糖等商品。有些班級，竟然有一半以上的學生曾經有賒帳經驗。商家的老闆表示他們並不會讓所有的孩子賒帳，只有那些信用良好，且經常出現在商店的孩子，才能夠賒帳，若是很少見到的學生，他們通常不敢讓孩子賒帳。

在新聞裡的老闆，其帳簿上清楚地記錄著孩子的班級、購買的物品、以及孩子承諾的還款日期等內容。事實上，在成人的世界裡，當人們的資金周轉不靈，才會出現借貸或賒帳等現象，但孩子不該這麼早就養成賒帳的惡習。

一旦孩子看到同學有新奇的玩具、好吃的零食，他們的欲望也會蠢蠢欲動，而孩子通常會在沒有零用錢的時候，覺得很想花錢。一邊是極具誘惑的玩具或者零食，另一邊是自己空空的口袋，而孩子經常無法抵擋誘惑，於是他們為了趕快得到商品，便開始在商店賒賬。一般來說，孩子的想法都很單純，他們認為下個月拿到爸媽給的零用錢，就能夠馬上還清積欠商家的債務，殊不知因為不斷地賒帳，而累積為數不少的帳款，一時之間可能難以還清。

有鑑於此，父母一定要及早告訴孩子借貸之間的關係，以免孩子從小就養成賒帳，卻無法償還的惡習。

以零用錢來控制購買欲望

如果孩子曾經有過賒帳的經驗，但是父母卻沒有適時地阻止，此舉將會影響孩子發展正確的理財教育，而父母能做的就是利用零用錢，讓孩子控制自己的購買欲望。

事實上，父母可以藉由零用錢，制定「零用錢制度」，並且透過「零用錢制度」，讓孩子懂得珍惜金錢，養成固定儲蓄的好習慣，以備不時之需。

此外，零用錢還能搭配理財計畫表。每個月，當孩子拿到固定的零用錢時，就能制定當月的理財計畫，將零用錢分成好幾部分使用。

由此可知，零用錢可以讓孩子學習按照理財計畫表用錢，並且練習控制消費，同時也懂得如何記帳，前述的這些技巧將有助於完善孩子的金錢理財觀。

因為懂得正確使用零用錢，孩子就可以控制自己的購買欲望，有效地減少因為一時衝動而購買商品的次數。

舉例來說，小雨是我的補習班小老師，她上了國中以後，爸爸幫她辦了一張可以利用刷卡形式來消費的金融卡。小雨的爸爸在發卡給她之前，就和女兒訂下規矩，千萬不能使用這張金融卡的刷卡功能，只能從金融卡領出每個月固定的零用錢金額，否則她的爸爸就會馬上將金融卡收回，而小雨未來的一個月，都沒有零用錢可以使用。

小雨不希望受到爸爸的處罰，故每當她決定要消費之前，會先衡量商品的價格，以及她所擁有的零用錢，而不會盲目購物。此外，當她跟著爸媽去逛街時，她也會偷偷觀察爸媽的講價技巧，所以她學會了很多殺價的招數，而她的理財能力也隨著控制零用錢而提升。

由此可知，若是孩子知道自己每個月所能應用的零用錢金額，並且讓孩子學會自行管理零用錢是一件很重要的事。

相信各位家長會發現，當孩子不是使用爸媽的錢，而是花費自己的零用錢，他將會善用自己擁有的有限金錢，而不會受制於無限擴張的欲望。

當孩子清楚零用錢的正確使用方式後，他不但能夠駕馭自己的消費行為，對於自身所擁有的金錢，也會更懂得珍惜。

依照孩子的不同程度，調整理財教育

1.孩子缺乏正確的理財觀念

若是孩子欠缺正確的理財觀念，對於錢從哪裡來、怎麼使用及儲蓄等觀念都需要好好加強，同時要避免孩子養成「先消費後付款」與「不懂得量入為出」的用錢習慣，而教導孩子的理財教育重點則放在「管理零用錢」與「建立正確金錢價值觀」。

對於尚未確立理財觀念的孩子，其理財教育的重點在於「建立正確金錢價值觀」。此外，金錢的使用方式並非只有消費而已，而是要讓每一次的消費變得有意義，才不會盲目亂花錢。舉例來說，消費要量入為出、貨比三家、學習區分需要與想要，才可以避免浪費。

在我兒女還不清楚理財觀念時，我會希望培養他們健全的金錢觀，並且告訴他們，世界上沒有不勞而獲的錢。記得兒子還小時，他總是吵著要我別去上班，我就會告訴他，要工作才能夠賺錢，幫他們買衣服、玩具，以及好吃的食物。

晚上，我也會把公事帶回家處理，在家裡加班時，孩子也因此知道我的工作並孩子將能體會零用錢使用錯誤的窘境。

不輕鬆，讓他們理解，天下沒有白吃的午餐。

2.孩子具備基本的理財觀念

若是孩子已經具備基本的理財觀念，此時父母教導孩子的理財觀念，就能著重在「管理零用錢」與「認識風險與收入」。雖然孩子已經具備基本的理財觀念，但是他們對於錢怎麼來、怎麼用及儲蓄等金錢的實際操作都有待加強，且要避免孩子變成「有多少、用多少」的月光族。

在小孩學習「管理零用錢」的階段，將能體會零用錢使用錯誤的窘境。例如：孩子將零用錢全數拿去買糖果，因此沒辦法買新文具。此時就是很好的機會教育，父母可以選擇不伸出援手，讓小孩繼續用舊的文具，或是在有條件的情況下，幫助他們，讓孩子學習控制消費。

理財教育的另一個重點在於「認識風險的種類及預防」，讓孩子懂得利用小錢來提升預防風險的能力，才能讓生活更有保障。此外，父母必須教育孩子「認識收入的種類」，並且知道賺錢有許多管道，而不同管道的賺錢方式，需要相異的條件與知識，讓孩子懂得充實自己。故從小培養孩子投資自己，為自己的成長負責，可

以減輕父母對孩子的擔憂。

3.孩子已經是個專業的理財小幫手

假如孩子已經具備充足的理財觀念，對於錢怎麼來、怎麼用及儲蓄都很清楚，此時，父母教導孩子的理財重點應放在「回饋」與「認識資產」。值得注意的是，父母一定要避免孩子變成守財奴或吝嗇鬼，因為這不是擁有金錢的意義，所以家長必須教導孩子「回饋」的重要性，並且讓他懂得飲水思源，練習取捨，做個願意回饋社會的人。如此一來，不但可以增進孩子的人際關係，同時也能活得更快樂。假如孩子樂於回饋，那麼將來他必定也會回饋父母的養育之恩，讓父母安享晚年，而沒有金錢上的顧慮。

此外，針對理財小幫手的教育重點在於「認識資產」。因為有錢不一定能讓金錢保值，甚至增值，唯有認識值得投資的資產，例如：投資能夠帶來收入或增加價值的資產，才能長期維持富有；假如誤把消耗品當作資產，將會付出高昂的成本。前述這些觀念都需要從小培養與訓練，並且增加理財方面的敏銳度，才能應付未來多元化的社會及快速變動的產業。

親子理財壓箱寶

1.建立簡易的家庭財務報表

根據家庭財務報表，能夠讓孩子清楚地認識家庭的收支狀況，這也是讓孩子參與家庭理財活動所不能缺少的步驟，所以父母要讓孩子知道家庭的收入由哪些部分構成，每個月的收入數額約是多少。

舉例來說，每個月我會請孩子拿出屬於自己的記帳本，同時，我也會拿出我的記帳本，全家人聚集在客廳，一起探討家庭資金的流向，讓他們知道全家的錢都用到哪裡去了，我會和他們講解我所規劃的家庭財務報表，解釋一部分的資金是用來維持家人的生活費；一部分的資金則是用於儲蓄，以備不時之需；還有一部分的資金是用來進行投資，以賺取更多的財富。

當家長向孩子講解家庭財務報表的分配，以及各部分資金的比例時，孩子們也能從中獲得許多理財相關的知識。

2. 讓孩子當一家之主

俗話說：「不當家，不知茶米油鹽貴。」對於年齡稍長的孩子，父母不妨讓他體會當一家之主的滋味。

在遊戲開始之前，父母必須給孩子全家人一整天的支出所需金額。那一天，所有的理財問題都要交由孩子來解決，看孩子怎麼用最少的錢，讓家人度過平順的一天。

透過前述的小遊戲，孩子將能從中瞭解，每一天，爸媽所賺取的血汗錢都花到哪裡去了。此外，孩子也能學習規劃一整天的收入與支出，並且明白照顧全家人的日常生活，並不是一件很輕鬆的事。

從此以後，孩子將會有所成長，學著體諒父母的感受，而對於金錢的處理方式，也會越來越純熟。

3. 定期召開家庭理財會議

對於講求民主的現代家庭來說，定期召開家庭理財會議是不可或缺的理財教育。事實上，父母必須定期和孩子開會，不過，與孩子的理財會議，希

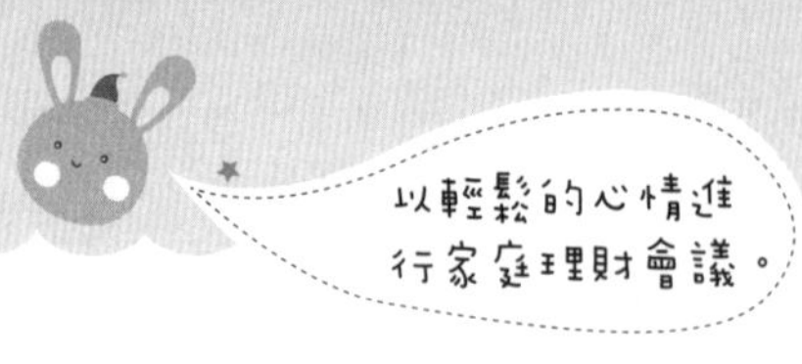

望以輕鬆愉快的心情進行，否則會讓孩子覺得很不自在，甚至出現害怕開會的情況，影響孩子吸收家長所傳遞的理財教育。

每次開會之前，不妨在桌上準備開會時可以吃的零嘴或飲料，甚至講述關於理財的輕鬆笑話，將有助於會議的開始。

此外，家庭理財會議的討論話題可以無限延伸，從購買食品、家電、添置家具、交通費，以及為孩子購買學習用的文具、甚至是花費在保養品的費用，都可以提出來討論，讓全家人一起檢視哪些消費是可以避免的，而哪些消費的金額可以向下調整，哪些消費的內容需要增加等議題。

在討論的過程中，家長應該把孩子當成獨立的個體來對待，並且認真聆聽孩子的意見，如果孩子的意見實用又可行，家人可以共同討論後，一起決定是否要採用，並且鼓勵和表揚孩子；如果孩子的意見沒有被採納，家長則要向孩子說明原因，不能一味地否定孩子的建議。

4.為孩子設置購買上限

每次在購物之前，家長應該要讓孩子知道購買上限，也就是說，孩子必須在金額的限制下，購買自己喜歡的商品。

一般而言，人們購買商品的金額都不會超出自己所擁有的資金。不過，當人們因為一時衝動、或是受到他人煽動的情況之下，可能會因此購買價格高出上限金額的商品，甚至超出存款裡所擁有的錢。

於是，人們會透過賒賬、貸款、分期付款等方式來購買自己喜歡的商品。這就是所謂的超額消費，當這種超出購買上限的情況發生時，將會加重人們每個月的消費負擔。

有鑑於此，家長一定要讓孩子確實知道，每個月的零用錢是多少，並且請孩子試著算出這些資金該如何利用。

此外，父母不妨為孩子示範該如何規劃零用錢，而在規劃的過程中，教育孩子：「沒有上限的購物方式，將會耗費所有的積蓄。」

第三章

孩子可以花自己的薪水囉！

父母可以開始培養孩子管理金錢的能力，
並且建立零用錢制度，
鼓勵孩子維持收支平衡。

孩子將成為零用錢的主人。

用零用錢支配孩子的行為，可能會養成小孩「為錢讀書」，或是「習慣拿錢控制別人」等類似的負面作用，故父母必須小心防範。

零用錢是孩子最初與社會連結的工具，該如何分配、使用零用錢，都需要透過不斷學習來累積經驗。事實上，會理財不代表數理能力很好，像我認識的許多家長，經常抱怨自己的數理能力極差，但是卻將家裡的收入與支出管理的一清二楚，故理財是靠著學習摸索而來的。因此父母別擔心自己的數理能力不佳，就不敢教孩子理財，其實只要閱讀相關讀物，並且和孩子一起從學習中成長，一定能教出聰明

的小小理財家。

舉例來說，在我的小學期間，學校教育並沒有包含理財相關科目，爸媽也沒有教我理財，直到我進入國外的學校唸書後，才體會到理財的重要，並且藉由大量地閱讀來獲取理財知識。

我很後悔自己二十多歲才知道要理財，也深深地體會到自己太晚開始學習，學得太慢又太少，如果當初能夠早點接觸理財議題，一定可以少走一些冤枉路。於是，我期許自己要成為一位及早實施理財教育的父母，因為金錢觀念並非隨便幾堂理財課就能學完的，而是需要長時間的過程來慢慢累積。

從兒女的小時候開始，我就讓他們接觸金錢，並且以遊戲的方式陪孩子練習用錢買東西，大約在三歲時，便開始不固定地發零用錢。

到市場或超市買東西，我會先算好必須支付的金額，讓孩子付錢。付完錢後，我會將每一次交易的金額，換算成孩子認識的東西，像是他們最愛吃的可樂果等，並且用孩子聽得懂的語言和物品，將抽象的金錢觀念解釋給孩子聽。後來，我發現兩個寶貝們都能理解我想要表達的涵義，也懂得錢是什麼，甚至想要開始管錢。

讓孩子想要自己管錢

根據我的觀察發現，當孩子開始想要自己做，就是放手讓孩子成長的時機到了，不過，放手並非採取放任政策，而是一邊觀察，一邊驗證，若發現孩子都能理解，或跟得上我的教學步伐，我便會讓他們體驗稍微困難一點的觀念，且逐漸誘發他們想要自己做的動力。

當我的女兒和兒子可以開始拿錢，並能獨自走到櫃檯付錢時，他們總是搶要幫忙付帳。家長千萬別小看付帳的動作，僅僅是練習付帳而已，卻能讓孩子享受完成任務的成就感和付錢的快感。

由此可知，讓孩子想要自己花錢、管錢，不但可以培養孩子的自信和自尊心，還能順著他們內心的需求，持續並帶著新鮮感來接觸理財。因此，在生活當中，我會刻意引導孩子練習機會成本的概念，讓他們自己決定花錢、管錢，最後才能真正獨立選擇與做決定。

我記得兒子第一次拿到零用錢時，他無法理解零用錢如何使用，只是學姊姊將零用錢投入小豬撲滿裡，直到他看見姊姊總是在吃完飯，或是逛完超市後，積極地

向我拿錢付帳，才知道原來錢是拿來交換商品的東西。後來，兒子還會和姊姊爭著要付錢，每次看到他們吵得面紅耳赤的樣子，我都會忍不住笑出來，那時我就知道他們已經出現想要管錢的欲望了。

理財需要適齡教育

理財教育其實很寬闊，包括賺錢、用錢、存錢、借錢、省錢、護錢等六大主題。

教孩子關於金錢的概念，必須由簡單到難、循序漸進地誘發孩子的學習興趣。

根據教育心理學家皮亞傑的研究，四歲的孩子已經知道錢可以用來買東西，五歲的孩子知道錢是爸媽賺來的，六歲的孩子不但懂得金錢的價值，還具備買賣的觀念，而七、八歲的孩子可以開始管理自己的零用錢了。

不過，理財教育還是要依據每個孩子的發展狀況而改變。因為不同年齡的孩子，其認知能力、情感特質都不相同，所以需要受到的理財教育也不一樣。

1. 學前階段

由於孩子的年紀還太小，通常分不清楚想要和需要，還會以哭鬧等不理性的方式以達到目的。在這個階段，父母對於孩子需要的部分，可以適度滿足；而針對孩子想要的部分，則要適時制止，才能發展出延遲滿足、自我克制等能力。

2. 學齡階段

此時，孩子的金錢價值觀以及數字觀念開始萌芽，故父母可以在學齡階段，藉由零用錢制度，來幫助孩子建立自我管理的能力，並且讓他們學習支配金錢的能力，而不是一味地把錢存進撲滿裡。

父母也可以提供孩子非物質性的幸福經驗，讓孩子理解，「有錢」並不等於「幸福」，也不等於終生的目標。父母甚至可以進行物質澄清的活動，像是詢問孩子：「衣櫃裡多了一件好看的衣服，和非洲孩子一個月的糧食費用，其中的差別與價值？」以提問的方式幫助孩子體認捐贈與服務的意義。

3. 青春期

青春期不但是思考能力提升的階段，也是確立價值觀的重要時期，因此家長應

該適時地釐清孩子錯誤的價值觀，此外，青春期也是大量累積知識的時期，所以父母可以開始教育他們基本的金融知識。

學習理財不能半途而廢

理財教育並非一蹴可幾，而是需要長時間來養成習慣。當父母採取由上對下的權威態度來教育理財，孩子往往只懂得接受零用錢，卻不懂得如何管理，造成孩子只知道消費與領取，但缺乏儲蓄的概念。

有鑑於此，我認為理財需要共同教育，才能促使親子之間互相勉勵，共同成長。此外，很多孩子討厭麻煩的零用錢制度，可能會激烈反抗，故父母要做好心理準備，千萬別因為孩子的頑強意志，而半途而廢。

為了教出具備完善金錢觀的孩子，爸媽的立場千萬要堅定，否則孩子將會以你為模仿對象，成為遇到困難就馬上放棄的人，故一旦開始理財教育後，就別想著放棄的念頭，反而要和孩子互相鼓勵，激發雙方想要持續下去的動力。

親子理財壓箱寶

1. 讓孩子成為金錢的主人

許多孩子誤以為有錢就等於擁有快樂，但擁有金錢的滿足多半屬於淺層的快樂，而夢想與自我成長卻會帶來深層的快樂。與其讓孩子被金錢掌控，而擁有淺層的快樂，倒不如讓孩子成為金錢的主人，以金錢協助他們完成夢想與學習自我成長，還比較踏實。

2. 從遊戲中學理財

美國知名親子理財專家妮兒．葛德菲曾說過：「讓孩子從遊戲當中建立財富的觀念。」她的意思就是在輕鬆的氣氛中，以愉悅的心情來體驗正確的理財觀。因為在遊戲中學習，孩子比較不容易感到沉重的壓力，故以遊戲的方式學習理財，將是他們能夠接受嚴肅觀念的最快方式。

3. 把支配零用錢的權利交給孩子

事實上，很多家長雖然發零用錢給孩子，卻不讓孩子擁有支配零用錢的權利。舉例來說，當孩子希望購買商品時，家長並沒有和孩子溝通討論，反而直接拒絕孩子的要求，導致親子之間的關係緊張。

有鑑於此，家長應該把零用錢的所有權交給孩子，還要將支配零用錢的權利讓給孩子，否則孩子將無法學會選擇與消費。不過，當孩子決定購物時，家長只能從旁建議，最後還是要尊重孩子的決定。

或許孩子的決定將會讓他這個月的花費透支，但是人生本來就是在錯誤中學習成長，這些曾經發生過的經驗將會伴隨著他們的一生，當下次發生類似情況時，孩子將會深思熟慮。

4. 讓孩子體驗消費

當孩子有了零用錢後，家長應該讓孩子學習使用金錢消費。因為花別人的金錢時，每個人都很樂意消費，但是要花掉屬於自己的金錢時，每個人都會開始精打細算。

一旦孩子必須以自己的零用錢購買商品時，他們就會開始考慮商品的價值、價格和品質了，而且他們頭腦清楚的程度，絕對和爸媽有得比。故讓孩子學會聰明花錢，他們便會對自己的判斷負責，且能善用有限的資源，不會受制於毫無節制的欲望。

5.開發家庭代幣

很多父母擔心讓孩子做家事、跑腿、考高分，以換取零用錢，將會導致他們的金錢觀過於功利性，我建議父母可以自行開發家庭代幣，以家庭代幣代替金錢，給予孩子獎勵，像是用紅利點數、獎勵貼紙等。

父母該怎麼發零用錢。

我相信該怎麼發零用錢，一直都是父母心裡的疑惑，而我認為越早開始發零用錢，對於建立孩子的金錢價值觀越有幫助。

看著孩子一天天長大，許多家長會開始思考理財觀念怎麼教，於是什麼時候開始發零用錢，多久發一次零用錢，一次要發多少零用錢等問題也隨之而來。

這些問題看似簡單，但如果處理得不好，將會產生不良的後果。

我曾經在補習班上詢問同學關於零用錢額度的問題，引起班上同學的熱烈回應，同學們的回應大概都是幾百元左右，突然有個男生小聲地說：「五千元。」他的回應讓全部的學生安靜下來。我便問他：「爸媽是和你討論過後，才給你零用

錢，還是瞭解你的用錢狀況後，才發零用錢給你呢？」

男孩回答：「爸爸經常出差，而他每次從外地回來，都會將包包裡沒花完的鈔票給我，除此之外，爺爺和奶奶也經常拿錢給我，儘管如此，我依然覺得自己的錢不夠花。」

其實，很多家庭都有這種現象，由於爸媽忙於工作，沒時間陪伴孩子，只好以金錢來滿足他們，孩子一直接受父母的金錢給予，卻沒有想過爸媽賺錢的辛苦，認為錢花光以後，還可以繼續向爸媽要錢，在不斷地惡性循環之下，孩子永遠學不會管理財務，便覺得自己的零用錢永遠不夠用。

相信大家都聽過很多類似的前述案例，而許多家長也都知道發零用錢不僅是一門學問，更是一門藝術，不過到底該怎麼發零用錢呢？

何時開始發零用錢

筆者做了很多相關調查，根據研究顯示，大約在三歲到六歲之間，就可以開始發零用錢給孩子，我相信父母能夠自行判定何時開始教自己的孩子理財。以我的觀

點來看，早期教育會比國中才實施理財教育的成效來得大。因為和性格與習慣的生活教育，必須要從小開始教，孩子才能將這些經驗內化成自己的知識，並且將金錢的相關概念和用途記在腦海中。不過，孩子的理財教育最晚別超過國小三年級，因為在學齡期與國小期的腦部發展，是形塑孩子的理財習性之關鍵期。

舉例來說，我的同事馮老師，她在女兒滿三歲時，就開始發零用錢給女兒，不過在這個時期，她只是象徵性地給孩子類似錢幣的塑膠錢幣，因為真正的硬幣在金錢的流通過程中，經過了許多人的手，可能會沾上細菌或是病毒，而她的女兒此時還處於「將東西往嘴裡塞」的階段。在遊戲中，她會和孩子進行買賣交易，如果有剩下的假錢幣，就讓女兒把這些錢存進屬於自己的撲滿裡。

等到女兒大約六、七歲時，她已經能夠區分真假錢幣的差異，以及不同錢幣的面額，馮老師就在一次次的誘導之下，教育女兒正確的金錢價值觀，當孩子的計算能力隨著年紀提升，她便開始發給女兒較多的零用錢。最初，馮老師每天發零用錢，後來逐漸演變成三天發一次，因為她希望讓女兒自己學著掌控、管理零用錢。

剛開始，雖然女兒花錢欠缺計畫，經常還沒等到媽媽發零用錢的時間，她就已經把錢花光了，不過，慢慢地，隨著每個月和媽媽的零用錢檢討會議，女兒也學著改變自己的用錢方式，她現在對於零用錢的掌控度很好。

由此可知，父母不需要擔心孩子的理解能力還無法實施理財教育，其實只要以孩子能懂的方式、語言、動作和他溝通，在練習中認識金錢，建立正確的金錢觀念與態度，一定能教出令你驕傲的理財小幫手。

該給多少零用錢

小惠是我的補習班小老師，每當她媽媽來接她下課時，總會和我閒聊幾句，順便詢問小惠的近況。原來媽媽發現小惠最近沒有以前那麼開朗了，總是一副心事重重的樣子。因此某天晚上，媽媽到女兒的房間裡關心小惠，希望能夠幫忙解決小惠的不快樂，雖然小惠一開始不承認，但在媽媽的關切之下，還是說出自己的心事。

因為班上來了位新同學，長得很漂亮，所以大家都很喜歡她，讓小惠很羨慕，但媽媽發現女兒說話時，眼神游移不定，這表示女兒感到心虛，於是媽媽繼續追問：「新來的同學長得漂亮，但是妳也很漂亮，而且每個人的容貌都是獨一無二

的，我想困擾妳的不是長相吧？」

小惠回答：「嗯……新來的同學說她每個月都會拿到一千元的零用錢，所以她可以買很多零食，還有漂亮的衣服。在學校的下課時間，她經常買好吃的食物給同學吃，所以馬上就和同學打成一片。她對我也很好，但是我一個月只有四百元的零用錢，在她面前，我一直覺得抬不起頭來。」小惠說出了原因後，媽媽先安撫她的情緒，便趁著接女兒下課時，來詢問我的意見。

以我的觀點來看，我認為零用錢的多寡其實沒有確切數字，根據調查顯示，國小學生的零用錢金額，每個月大約在三百到五百元之間，而國中生大約是五百到一千元之間，高中生則在六千元至兩萬元，但是這些數字並非永久不變，而是隨著物價不斷變動，前述的調查，只能當作家長的參考。父母最終還是必須和孩子一起討論出零用錢的給予方式與金額。

人文適性教育基金會執行長楊文貴，提出了財富是一種分享的概念，所以孩子的零用錢公式為：「（家庭主要收入者薪水的千分之一）×（孩子的年齡）」。

舉例來說，如果孩子的年齡是八歲，媽媽一個月的收入是六萬，六十乘以八，所以孩子每個月的零用錢就是四百八十元。聽完小惠媽媽的困擾，我告訴她，可以利用這個公式，算零用錢給女兒看，讓小惠知道她的零用錢是爸媽的血汗錢，並非如此輕易賺取。

楊文貴先生所提出的零用錢公式，是我深表贊同的，因為隨著年齡增長，孩子的零用錢也該隨之增加，再加上零用錢本來就是跟著父母的工作能力而增減，當父母的收入較高時，孩子就有較多的零用錢，相對地，當父母的薪水減少時，孩子的零用錢也該隨之減少。若能以分享的概念來對待金錢，未來當孩子具備經濟能力時，也會懂得回饋與感謝父母。

零用錢可以當成獎勵嗎

千瑜的爸爸是一位幹練的會計師，他希望將自己在工作與生活中的經驗潛移默化地傳承給孩子。

於是他透過讓女兒做家事，發零用錢給千瑜，以取代直接發零用錢給女兒的傳統方式。例如：讓女兒擦洗家裡的汽車，並且請她做舊報紙和飲料瓶的資源回收，

千瑜的爸爸甚至讓女兒參與公司所舉辦的青少年招生活動，只要成功招募到一名學生，就能獲得為數不少的獎金。

在這些大大小小的活動中，千瑜確實賺到了許多錢，她也體會到爸爸賺錢的辛苦，還告訴爸爸不需要再發零用錢給她，因為她已經具備賺錢的能力了。不過，爸爸卻發現千瑜越來越小氣了，她不願意花自己的錢買任何東西，只希望從別人身上獲取好處，變成一個唯利是圖的人，因此，千瑜的爸爸開始反思，他究竟在哪個教育環節出錯了，竟然讓女兒成為如此吝嗇的人。

根據前述的案例可以得知，有些家長絞盡腦汁，希望能讓孩子從生活中學習理財，所以他們讓孩子透過做家事來賺取零用錢，但是與金錢連結的鼓勵，可能會物化孩子對於理財的學習動機，造成孩子的價值觀出現偏差。

以我們家為例，在家裡的家規中，做家事能讓孩子們獲得點數，再利用點數換取獎金或獎品，不但解決了「做家事是為了賺錢」的矛盾，還能讓孩子享受集點的樂趣，並且訓練孩子延遲滿足的習慣。

此外，父母可以依照自己對孩子的期待是什麼，作為零用錢的給予參考，如果父母覺得生活規矩最重要，像是吃飯、洗澡、刷牙、整理房間，這些都可以明訂為領取零用錢或是獎勵制度的標準，當獎勵制度有了明確的標準可以依循，對孩子來說，就有取捨的參照。

舉例來說，我會隨著孩子的年紀改變管教方式，當他們還只是幼稚園的孩子時，我會以不同種類的可愛印章，希望引起他們的好奇心，促使他們渴望蓋印章以獲得獎勵。

當他們上小學以後，制度變成只要表現良好，就可以獲得點數，而表現不好，就要扣點數等集點的模式，同時能夠訓練孩子數數的能力，每當他們因為集滿足夠的點數而獲得獎品時，兒女臉上的滿足表情，是我永遠難以忘懷的。

到了他們上國中時，集點的制度便直接改以零用錢做為獎懲，這時的他們已經具備正確的理財知識，所以我便直接列出不同名次能夠獲得的獎金，刺激他們想要名列前茅的決心。現在他們都養成了自動自發的積極態度，因此，我一直相信，只要從小落實觀念，將會影響孩子的未來。

親子理財壓箱寶

1. 讓孩子練習消費

現實生活中，有一些孩子到了國小二、三年級，卻從來沒有買過東西的經驗，他們認為自己什麼都不會，因而產生自卑心態，故家長應該在孩子還小時就帶著他們練習消費，他們將從切身的實踐當中，學到關於消費的知識。

2. 算出孩子的花費

家長一定要清楚孩子的主要花費是什麼。剛開始，家長可以拿小本子記錄某段時間內為孩子支付的所有物品。

其中包括偶然的消費，像是幫他們買的糖果、畫冊、玩具等，同時也包括孩子在學校的伙食費等項目。等到瞭解孩子日常消費的主要項目之後，就可以確定大致的零用錢數字了。

決定零用錢金額時，必須徵求孩子意見。

3. 適度地增加或減少孩子的零用錢金額

當家長瞭解孩子消費習慣之後，就可以大致地確定孩子的零用錢金額了。我在前面有提到，每個月孩子雖然有固定的零用錢，但是父母可以根據孩子每個月的表現乖巧與否，適度地增加或減少孩子的零用錢金額，例如：孩子每個月都會將零用錢的三分之一存下來，或是主動做家事的次數越來越多等事項，都能當作增加孩子零用錢的原因。

4. 與孩子討論家庭收入的來源

事實上，不論是家長或孩子，想要學習理財，一定要先瞭解自己的收入來源，才會知道自己有多少錢能運用。當孩子清楚家庭的收入來源時，他們將會知道，錢不是從天上掉下來的，而是爸媽必須每天辛苦工作，以換取薪水所得來的。

父母甚至可以透過數學運算，讓孩子知道一個月的薪水若是三萬元，那麼一天的收入大約是一千元。

5. 決定零用錢金額時，必須徵求孩子的意見

家長在決定孩子零用錢的過程，也要讓孩子參與討論，並且允許孩子提出自己的意見，如果父母和孩子之間出現了分歧，那雙方需要尋找協商的辦法，找出讓彼此滿意的方式。

此外，由於孩子參與了整個過程，所以當零用錢不夠用的時候，他們就不會盲目地央求父母增加零用錢的金額，且會主動從自身尋找缺錢原因。

和孩子一起建立零用錢制度。

建立正確的零用錢制度與原則，不但能協助孩子培養良好的生活習慣，還能讓他們學習正確的金錢使用方式。

其實在孩子成長的路上，家長必須與孩子一起學習、共同成長。故父母在協助孩子建立金錢價值觀的過程中，可以先與家人討論理財教育的相關想法，必要時也可以詢問有經驗的家長，或是閱讀相關書籍。不過，到底該如何將零用錢制度變成規律且令孩子服氣的家規，就讓我為各位愛孩子的爸媽解說。

是否要幫孩子開立銀行帳戶

以筆者的觀點來考量，答案是肯定的，因為銀行是孩子成長以後，管理財務的

重要地點，故提早讓孩子認識銀行的功能和運作方式，對於建立孩子正確的金錢價值觀，將有很大的幫助。

不過，為什麼不能將錢存在爸媽的銀行，而一定要幫孩子開戶，原因是孩子對屬於自己的東西，較有歸屬感，當父母將孩子與家長的帳戶分離，也能讓孩子的收支一目瞭然，並能掌控他們的學習節奏和內容。

舉例來說，當我的女兒進入國小一年級，由於低年級幾乎都是中午就放學，所以我會在接她回家的路上，順道帶著她陪我去銀行辦事情。久而久之，她也知道存錢、領錢的手續，現在的她一點都不排斥處理繁瑣複雜的銀行相關事項。

然而，也有別的學者專家認為，不一定要幫孩子開設帳戶，因為比開戶動作更重要的是，孩子必須知道自己該確實執行哪些動作，故家長可以依據孩子的理財知識來判定該在何時帶孩子去開戶。

當孩子花費過度，能不能預借

預借金錢，就像是信用卡制度，當孩子尚未理解借貸關係之前，絕不能養成孩子「一有急用，就向爸媽伸手要錢」的習慣，因為這樣會導致父母所建立的零用錢制度失效，孩子也會認為只要央求爸媽就可以拿到金錢，卻不知道「有借有還」的道理。

根據我的自身經驗，我認為當孩子年紀小時，就要讓他們知道借錢一定要償還，而且隨著時間流逝，甚至還有利息增加的問題存在。舉例來說，我的女兒曾經把她一個禮拜的生活費花在玩樂上，花光之後回來向我求救。本來我想要斥責她，後來轉念一想，這正是一個教育的好機會。我心平氣和地問她：「妳把錢花光了，怎麼辦呢？」孩子想了想說：「爸爸，可以再給我零用錢嗎？」我說：「好，我可以先借妳錢，但是妳必須要在還錢的時候，加上2％的利息。」孩子撒嬌地說：「唉唷，還要利息喔。」我告訴她：「妳跟銀行借錢也需要支付利息，跟我借錢當然也要算利息。爸爸告訴妳，借錢並不是這麼簡單的事情，若是不想支付太多利息，平時在花錢之前就應該要想清楚。看在我們是父女的關係份上，我只收妳2％的利息，如果妳跟銀行借款，可不是這個利率喔！」

後來每次我在發零用錢給她的時候，總會告訴她還欠我多少錢，直到女兒還完

那筆錢之後，才慎重地告訴我：「爸爸，我再也不敢隨意亂花錢，更不想聽到你向我催錢了。」從此以後，她每個月一拿到零用錢都會先擬定預算，估計自己可以花費的錢有多少，想買的東西要存多久才能買到。我知道她不僅學到了一次教訓，也知道該如何制定理財計畫、掌控預算。

視情況而定，判斷是否給予金錢

原則上，孩子幫忙做家事，父母是不需要支付金錢的，然而，許多家長卻認為以零用錢來指使孩子做家事，是一種很棒的零用錢制度。故對於是否該給孩子幫忙家事的費用，一直是父母心中的疑惑。

以我的觀點來看，我認為幫忙家人是義務，並不需要支付任何金錢，再加上每個家庭的經濟來源與價值觀大不相同，故應視家庭狀況而定，再判斷是否給予孩子金錢。

曾經有學生和我說，在他們家裡，有做家事的人，才有零用錢可以拿，所以家裡的孩子都會搶著做家事，而家事登記表上詳細地記錄著每項工作的金額：買東西十元，晾衣服二十元，擦地板三十元等，導致兄弟姐妹們搶著做錢多的工作，對於錢少的家事，則提不起勁。

聽完學生的的困擾後，我便開導那位學生，家庭環境本來就是大家需要共同維護的空間，而非爸媽兩人就能維持下去，畢竟，免費幫助家人、有困難的朋友，才是他們需要真正學習的課題。

學生自從聽完我說的話以後，就建議他的爸媽，調整原本的零用錢制度，讓孩子主動願意幫忙，並且和父母商量哪些家事比較棘手、費事，再和父母討論不同家事能夠獲得的費用。

一方面能培養孩子商業頭腦，二方面讓孩子學習不同的家事，而不只是硬性規定孩子必須以金錢來衡量是否該做家事。由此可知，根據不同的情況而定，再判斷是否給予孩子零用錢。例如：簡單的小事以鼓勵和稱讚來建立孩子的信心；而複雜的家事，就讓他們學習以勞動賺取金錢。

結合零用錢制度與生活教育

許多孩子在家長的引導下，已經具備投資觀念，也開始自行儲蓄，他們會把自己的零用錢放到存錢筒裡。不過，因為爸媽沒有在旁邊監督與定期討論，導致孩子往往會因為一時衝動，而隨意花費自己的積蓄。

小磊是親戚家的兒子，他已經國小二年級了，親戚最近幫他買了一個可愛的兔寶寶存錢筒，便告訴孩子可以把自己的零用錢存起來。於是小磊經常將一部分的零用錢放進去，並開心地向父母表示存錢筒裡已存入金額龐大的零用錢。此外，他還會把存錢筒拿起來不停地搖晃，聽硬幣在裡面互相撞擊的聲音。

最近親戚發現小磊很久沒有拿出自己的存錢筒了，於是親戚便主動關心兒子，兒子聽到媽媽提起了存錢筒的事，立刻緊張起來。原來兒子和朋友打賭輸了，必須要請朋友去吃炸雞大餐，因此小磊偷偷地把存錢筒裡的錢拿出來請客，親戚才知道，孩子久未拿出存錢筒的原因。

從此以後，親戚每個月都會定期和小磊進行零用錢的檢討會議，畢竟孩子對於金錢的掌控能力尚未成熟，適時地引導與監督孩子，才能讓孩子養成正確的金錢價為孩子設定適當的儲蓄目標。

值觀。於是我建議親戚，買個無法輕易取出零錢的存錢筒，同時告訴孩子，不需要打腫臉充胖子，當你沒有錢請客，或是對事情沒有把握時，千萬不要胡亂打賭。此外，打賭也是惡習之一，一定要讓孩子趕快改掉以金錢打賭的習慣。

聽完親戚與小磊的理財事件後，我深深地體會到零用錢制度與生活教育，兩者皆很重要。記得兒子在六歲時，和我說：「爸爸，我想要請你和姊姊吃飯。」我笑著問他：「真的嗎，可是你有錢嗎？」於是兒子拿出他的小小存錢筒，裡面總共有他辛苦存到的五十元零錢。我告訴兒子：「五十元可能不夠喔，或許你需要再存一些錢。」兒子困惑地看著我，我便和他解釋，只要他這個月每天完成家規上兩件簡單的家事，我就每天給他三十元。如此一來，一個月過後，兒子就會有九百元的零用錢可以使用。

從此之後，兒子就開始為了請客而努力做家事，原本很討厭洗碗的他，也漸漸地熟悉洗碗的流程，還會一邊唱歌、一邊洗碗。他的小小存錢筒的零錢也開始越積越多。有時候，兒子經過玩具店還是會被各種新奇的小玩具所吸引，想要從存錢筒中拿出一部分零錢來使用。我會適時地提醒孩子，不能因為一時衝動，而破壞原本

和他人的約定。

在我的引導之下，兒子的存錢筒逐漸飽滿，過了一個月之後，兒子果然存夠了吃飯的錢，於是我們三人開開心心地出去用餐，吃飯的時候是兒子買單，我看到他的臉上露出幸福洋溢的表情。有鑑於此，我認為能夠在生活教育中結合零用錢制度，將會讓孩子體驗到存取零用錢的樂趣。

確立零用錢制度

事實上，我認為當孩子年紀小時，不管是貼紙或印章，都能引起孩子的注意，只要孩子表現好，像是主動幫忙做家事，自行完成功課，就能夠蓋章或貼笑臉貼紙，若是孩子表現不好，像是沒有主動和長輩打招呼、早上起床沒有整理床鋪，則蓋加油章或貼哭臉貼紙。因為以獎勵物品替代金錢作為鼓勵，孩子較不容易成為過度勢力、現實的人。舉例來說，在孩子的小學期間，我曾經和他們共同制定零用錢制度：搭配「笑臉」優點紀錄表，集點換零用錢。

一般而言，給予零用錢，讓孩子擁有屬於自己的一筆財富，是他們學習理財的

基礎。如果孩子沒有固定的收入（零用錢），想要什麼商品時，只會伸手向家長要，造成孩子無法學習「預算」的概念。我不希望孩子只會伸手要東西，反而應該學習考慮消費時，是否花費太多金錢，甚至超出自己的零用錢金額。因此，我會和孩子固定在每天睡覺之前的「笑臉」優點紀錄單上集點，並於每個禮拜五，總結兒女的個人點數，同時兌換成遊戲鈔票儲存在孩子的存錢筒當中，或直接折抵逛夜市、投籃球機等娛樂活動一次。

我認為，教育不是死板的規則，隨著孩子長大，零用錢制度的規章也會跟著改變，而投入、觀察、調整等過程，都是孩子與我共同參與的理財教育。家長若能根據孩子不同的個性來建立零用錢制度，相信他們一定能夠熱衷於學習理財。

失敗的經驗等於更接近成功

沒有哪個人可以永遠成功，也沒有人會永遠處於失敗的谷底。孩子當然也不例外，不管學習任何新事物，都會遭遇失敗。由此可知，讓孩子體驗管理金錢的失敗，也是父母為何要制定零用錢制度的原因，因為若是沒有制度的依歸，孩子無法從中學習正確管理金錢。例如：一時衝動買了許多小玩具；借錢給最好的朋友，導

致沒有零用錢花；想要向朋友要錢，卻開不了口等，前述的這些失敗經驗，都是孩子最棒的學習過程，因為實際的錯誤，最能讓孩子留下深刻的印象。

父母不要小看鼓勵的作用，尤其是在失敗的挫折中，孩子很容易產生負面的消極情緒，有時他們甚至會出現不想繼續遵守零用錢制度等念頭。此時，家長一定要鼓勵孩子，而非責罵孩子，他們將會因此變得比較樂觀，甚至懂得肯定自己，於是下次出現相同狀況時，他也能自行處理。事實上，孩子在學習理財時，一定會犯錯，但是父母不需要大聲責罵，孩子也可以學得很好，只要別讓他再犯下第二、三次相同的錯誤就好。此外，撒謊、欺瞞等重大錯誤，則是人品問題，若是孩子為了錢而說謊，此時父母就必須嚴加警告，並且告誡孩子說謊的嚴重性。

父母該做的就是以討論的方式，讓孩子說出花錢的理由，但別問孩子只能回答「是」或「不是」的問題，而是詢問孩子能夠回應的問題，讓失敗的記憶能夠憑藉回應問題，深植在孩子的腦海中。例如：我的女兒由於和我借錢，而體驗到被我追討利息的經驗後，每當她看到想買的物品時，她會先評估自己所擁有的金錢，再決定是否能購買，而不會重蹈覆轍。

親子理財壓箱寶

1. 建立數字敏銳度

父母可以準備孩子喜歡的造型小餅乾，如飛機、星星或數字等造型，以此引起孩子的注意。當家長發給孩子餅乾後，可以先讓孩子算清楚有多少塊餅乾，孩子能因此感受到，十個餅乾比五個多，對數字的概念就能更加具體化。

2. 以購買共同禮物，學習貸款概念

舉例來說，全家要一起購買爺爺的禮物時，家人商量好父母出五百元，兒女各出兩百五十元，如果有人的存款還差五十元，不妨讓孩子先以預支零用錢的方式，從下次的零用錢中扣除，或是分次扣款。總而言之，一定要先讓孩子提出還款的方案後，才能借出，同時還要徹底執行還款方案，避免孩子賴帳。

此外，當父母和孩子一起約定如何還款、何時還清等，最好以白紙黑字

記錄下來，使孩子瞭解借、還錢的重要性，並培養其責任感。

3. 遊戲中體認，善於理財才能致富

全家人可以一起玩大富翁的遊戲，一開始，孩子會拚命的買地、建屋，幾乎什麼東西都想擁有，完全不考慮手上資金的多寡，雖然擁有最多的房地產，卻最快破產。不過，孩子玩久了，也會開始去思考，手上必須要預留多少資金，再決定是否可以投資，漸漸從遊戲當中，發展出一套穩健的理財模式。

教孩子正確使用零用錢。

如果父母一味地限制孩子的購物基金，或是從未教導消費行為，孩子可能會出現不知所措、胡亂花費的情形。

如何讓孩子正確使用零用錢是一門很深的學問，如果父母從小將理財教育融入於生活中，就能提升孩子的理財能力。然而，若是家長教育孩子使用零用錢時，採取了不正確的方法，就會導致孩子的金錢價值觀錯誤。

孩子亂花零用錢，怎麼辦

宣萱是同事的孩子，目前她是國小一年級的學生，前陣子，同事和我說了一件關於宣萱亂花零用錢的事。宣萱上學以後，發現了一件很奇怪的事，下課時間，很

多同學相約走到學校的福利社，並且紛紛拿出自己口袋裡的零用錢購買各種不同的零食或是一些新奇的小玩具，這個舉動讓宣萱非常羡慕，因為她從來沒有屬於自己的零用錢，回家之後，她便詢問媽媽的意見，希望能擁有自己的零用錢。

同事看著一臉委屈的女兒感到十分心疼，以前她覺得孩子還小，需要的文具或用品，她都會幫女兒準備好，所以根本沒有必要發零用錢給女兒。同事才發現，女兒的年紀已經開始出現強烈的消費欲望，於是她和女兒協議，每個禮拜一會給她固定的零用錢。

第一次拿到零用錢的宣萱感到非常興奮，因此每個禮拜天，她都在腦海裡盤算著隔天可以購買的玩具或零食。不過，宣萱的購物欲望越來越強烈，她通常在禮拜一或二就把零用錢都花光了，而宣萱就會繼續伸手向同事要。雖然同事知道孩子還不知道如何正確使用零用錢，但是經不起宣萱的百般哀求，於是她又給了孩子一些零用錢，宣萱就一直重複著亂花零用錢的消費模式。

其實很多家長都曾經遇過類似的經歷，故如何讓孩子學習正確使用零用錢，成為很多家長持續探討的問題。

將零用錢的使用權還給孩子。

當孩子亂花錢的時候，很多家長都會非常憂慮，他們擔心孩子的消費習慣如果沒有改善，將不利於培養孩子勤儉節約的好習慣，於是他們開始限制孩子的零用錢金額，然而，當父母強烈限制孩子的零用錢使用方式，將會引起孩子的反彈，因此筆者將列出實施零用錢教育的過程，父母該注意什麼：

1.把零用錢的使用權歸還給孩子

若希望孩子學會合理地使用零用錢，家長一定要把零用錢的使用權歸還給孩子。如果父母發給孩子零用錢，卻不讓他擁有自由支配的權利，那麼，孩子將永遠學不會使用金錢。

2.適度控制孩子的零用錢

當父母發零用錢給孩子後，並不是意味家長就能夠放任孩子隨意使用。很多家長為了讓孩子享有充分的零用錢支配權，因此發完零用錢之後，他們從不過問，孩子也很少向父母主動講述零用錢的去向，導致孩子在沒有任何約束與警惕的情況下，養成亂花錢的習慣。故父母在發零用錢給孩子的同時，還應該告知孩子一些必要的零用錢限制。像是給予孩子零用錢之前，就應該告訴孩子，雖然他們擁有零用

錢的支配權，但不能購買對身體有害，或者不是需要的商品。

3.讓孩子有計畫地花錢

父母應該讓孩子養成記帳的好習慣，每當孩子領到零用錢時，應該讓他制定消費計畫表。不論是每週，還是每月預算，其中包括交通費、學習用品支出、零食等，當孩子超支了，父母就要適時限制零用錢的使用。

4.允許孩子犯錯

當家長把零用錢交到孩子的手中就應該明白，孩子一定會犯錯，因為連成年人都會因為無法抑制內心的衝動，進而買下一些昂貴或者不實用的東西。更何況是孩子才剛開始學習理財，他們會犯錯也是合情合理。當孩子犯錯時，某些家長可能會在盛怒之下，而拒絕再次發零用錢給孩子。

前述的作法似乎太激進，父母其實只要讓孩子為自己犯的錯誤付出代價，並且讓孩子承擔事情的後果即可。例如：當孩子因為衝動而花掉所有的零用錢時，家長一定要理性拒絕孩子的懇求，不能因為孩子沒有零用錢，而隨意追加，應讓他們體會身上沒有任何零用錢的困境。

5.鼓勵孩子將零用錢用於學習

家長應該鼓勵孩子將零用錢用於學習，當孩子以零用錢購買書籍時，家長可以及時地進行鼓勵和表揚。此外，家長不妨和孩子一起探討書中內容，如此一來，不僅有利於提升孩子的理財能力，還能拓展孩子的視野，並協助孩子增進自己的閱讀和寫作能力。

6.讓孩子學會關心他人

家長要鼓勵孩子將自己的零用錢撥出一部分捐獻公益事業，或是支援貧困地區的孩童，從小培養孩子的奉獻精神和愛心。

帶孩子一起練習消費

和孩子一起練習消費，是增進親子之間的情感以及教育理財的機會。假如孩子的消費欲望得不到有效的控制，他們長大後的理財能力一定不佳，而最有效的解決方法，就是在消費的時候，讓孩子花自己的錢，用儲蓄買單。

我的兒子在國中時期，曾經因為愛好名牌服飾和球鞋，而花費過多的金錢，我

也因此苦惱了很長的一段時間，後來我決定讓兒子用自己存的零用錢，為想要的名牌球鞋、服飾買單。

於是我和兒子說好，我會定期給他數額相同的金錢，兒子可以自行決定如何花用這些錢，但是花完之後，就不能再從我這裡拿到額外的補助，如果是迫切需要而借錢的話，等到下個月拿到零用錢時，就要償還之前欠下的債務。

從此以後，兒子開始將零用錢的三分之二存入銀行中，而手中只留下三分之一的零用錢，看著銀行帳戶的數字不斷地增加，兒子感到非常開心。

某一天，我和兒子逛街時，他又想要買一件圖案很特別的名牌服飾，可是款式看起來和他上禮拜買的差不多。兒子開始說服我幫他買下這件衣服，於是我從兒子的錢包裡拿出了金融卡，在他面前晃一晃。兒子才突然想起他和我的約定，如果再有多餘的開銷，就得從自己的金融卡裡領錢。兒子思考了一會兒，因為捨不得從自己的金融卡取錢，於是他決定不買這件衣服了。當我看到兒子能夠忍耐自己的消費欲望，並做出正確的抉擇，感到非常欣慰，因為我知道他已經懂得合理地運用零用錢了。

孩子可以為自己的夢想設定進度。

為自己的夢想設定進度

為了激發孩子儲存零用錢的興趣，家長必須要幫助孩子樹立儲蓄目標，而制定目標的同時，家長一定要清楚地知道孩子最想要的東西是什麼，然後把儲存零用錢和他們夢寐以求的商品連結起來，當他們意識到儲存零用錢是為了實現自己的夢想時，他們會特別起勁，因為目標會在無形之中給予他們努力前進的動力。

當孩子存了一個月或儲蓄時間更長的存款，然後買下自己想要的小玩具或者其他商品時，他們將能感受到父母無法給予的成就感。

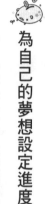

值得注意的是，父母在為年齡小的孩子制定目標時，一定要選擇那些在短期內就可以實現且切合實際的目標。如果實現達成目標的時間太長，孩子就會認為目標根本難以實現，甚至會認為父母讓他們學習存錢的真正目的，就是為了從他們的手中拿走錢。

家長千萬要切記，幫助孩子制定目標的同時，一定要充分地尊重孩子本人的意見，而制定的目標要明確，不能模稜兩可。如果可以的話，請孩子把自己最想要的東西畫出來，每天激勵自己儲蓄。此外，在孩子存錢的過程中，家長應該要發揮督

促和監督的作用。為了幫助孩子實現目標，家長可以讓孩子逐步完成自己的計畫，而孩子的存款達到一定數額的時候，家長必須及時表揚和肯定。

此外，家長也可以引導孩子思考為何儲蓄的原因，並且為自己渴望達成的夢想設定進度與存款金額。一般來說，夢想皆需要金錢支持，空有夢想，卻沒有能力執行，夢想最終還是一場空。

有鑑於此，父母應該讓孩子找出存錢的動力與目標，檢視自己該從哪些方面開源節流，並且訂出在某個時間點之內要存下多少錢等進度。在設定夢想的過程中，家長不能把自己的個人意識加諸於孩子身上，反而應該尊重孩子的選擇，只要稍加引導即可。

筆者並不是說家長對孩子的存錢計畫毫無發言權，而是應該擔任監督者的角色。當孩子沒有按照計畫，或是感到挫折、挫敗的時候，家長可以及時地提醒與鼓勵，讓孩子重新振作起來。

舉例來說，筆者的一位補習班學生，因為他實在太喜歡喝咖啡了，所以他從高中時代就夢想著開一間咖啡廳，希望讓更多人品嚐咖啡的美味。當時他的爸媽雖然不看好他的夢想，卻全力支持他，並且和他一起規劃夢想的進度。

學生於是在爸媽的協助下，為自己的夢想設定目標，當時市面上還沒有這麼多充滿個人特色的咖啡廳。在每個寒暑假，他會省下足夠的零用錢，到台灣各地喝咖啡，甚至短暫打工，希望能夠藉此學習烘焙咖啡豆與煮咖啡的技巧。

大學時期，他也加入了咖啡鑑賞社，和來自各地不同的咖啡愛好者結交朋友，最後，他的社團決定在學校裡設立一間行動咖啡館，讓同學在校園的各處都能喝到香濃的咖啡。大學畢業後，他靠著行動咖啡館所賺取的錢，在淡水開了一間很有特色的咖啡館。

根據前述的例子可以得知，只要確立自己的目標，不但可以存到金錢，或許還有達成夢想的機會。父母何不和孩子討論，以夢想來設定存錢目標，讓孩子對於開源節流等相關知識更有興趣與信心。

親子理財壓箱寶

1. 請孩子不要隨意動用銀行的存款

家長應該告訴孩子，存錢可以應付突發事件的需要，如果不是急需用錢的話，千萬不能隨意動用銀行存款裡的錢，否則孩子將會慢慢把錢花光。如此一來，進行儲蓄，就失去了意義。

2. 固定存款是良好的習慣

很多家長都會定時定量地發給孩子數額固定的零用錢，對於孩子來說，固定存款是很不錯的儲蓄選擇，故家長應該鼓勵孩子在得到零用錢後，把一部分零用錢存到銀行當中，教育孩子積少成多的概念，將能夠幫助孩子養成良好的儲蓄習慣。

3. 讓孩子花自己的錢買東西

家長應該學著讓孩子為自己的消費買單，不能一味地答應孩子不合理的

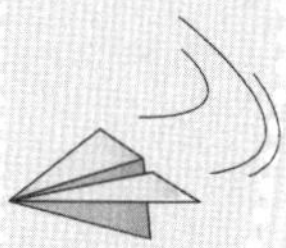

消費需求。當孩子意識必須花自己的金錢消費時，他們就會顯得比較理智，也不會隨意地花錢了。

4. 定期給孩子零用錢

父母在發零用錢給孩子的時候，不可太過隨性，應該定時定額，而非隨意發放，這麼做最大好處就是，有利於孩子學習規劃零用錢的方法。對於年齡比較小的孩子，可以一天發一次零用錢，但是每次的數額不能太大，等到孩子稍微長大以後，就可以改成一個禮拜發一次，然後再逐漸地演變成一個月發一次。

5. 善用鼓勵方式

如果孩子養成每日記帳的習慣，且能妥善管理零用錢，以及制定自己的零用錢預算表，甚至擁有一筆儲蓄金，那麼家長應該適時給予鼓勵，例如：將孩子的儲蓄利率提高，或是協助孩子選擇有意義的理財決策。

6. 告訴孩子別小看零錢

王永慶曾經說過：「省下一元，等於淨賺一元。」因此他總是設法降低成本，開拓客源，儘管他賺了很多錢，卻還是過得很節儉，從不浪費任何金錢。故家長應該讓孩子知道，不要小看零錢。世界上，很多富翁都是白手起家，他們從擺地攤、賣生活用品等小生意開始做起，並且省下賺取的一分一毫，最後才成功致富。

7. 儲蓄可以幫助孩子實現遠大夢想

家長應該讓孩子明白，並不是所有的願望都可以在短時間內實現，有些夢想雖然看起來很難實現，但是只要堅定信心，一定會美夢成真。

例如：現在的房價一天比一天高，但是許多人依舊省吃儉用，就是希望能夠擁有一間屬於自己的房子，而固定的儲蓄就能發揮功效，協助人們支付頭期款。

記帳暖身操。

到底是父母給的不夠，還是小孩花得太凶？若是孩子能夠記錄每次的花費金額，當親子之間討論到零用錢額度時，就不會導致各說各話的局面了。

根據調查顯示，台灣超過一半的孩子認為父母給的零用錢「不夠」，而身為父母，也常常叨念孩子只會浪費錢，都不知道存錢的重要。有鑑於此，筆者建議家長應該教育孩子如何記帳，因為透過詳細的金錢紀錄，他會知道錢花去哪裡，並能幫助孩子認識自己的消費模式，調整自己的消費方式。父母也可以藉此得知孩子的金錢流向，進而看到孩子喜歡什麼，甚至在意什麼。

舉例來說，你在記帳本上發現，孩子幾乎每個禮拜都會去漫畫店租一次漫畫，但你知道孩子喜歡看的是外國的偵探小說，而不是漫畫，一問之下，才知道他並非漫畫愛好者，而是因為同學們每個星期都喜歡在漫畫店看漫畫，家長可以經由記帳本發現，原來漫畫店是孩子的社交場所。

帶孩子去挑選記帳本、撲滿

當孩子學會寫數字，並具備基本的加減概念後，可以帶著孩子一起去挑選記帳本，讓他學習記帳。請孩子挑選自己喜歡的圖案以及內頁，當他翻開記帳本時，才不會看到複雜又難以理解的表格，進而產生厭惡記帳的想法。

值得注意的是，單純的記錄將會失去新鮮感，也很難持之以恆。因此父母可以在買來的記帳本上設計一個欄位，讓孩子貼上想要購買物品的照片或畫下圖像，並將價格標註在旁邊，再寫上希望幾月幾號之前能夠購買，讓孩子確切地知道近期的儲蓄目標，並學習計算自己是否具備存取這筆資金的能力，以及該怎麼存、分配零用錢才能達成目標？

隨著記錄收入和支出，孩子甚至會為了達成目標，自動節省平時不必要的支出。此外，挑選孩子喜歡的撲滿，也是非常重要的一件事，因為餵飽孩子喜歡的撲滿，能夠讓孩子產生想要存錢的動力。

在女兒的小學時期，她曾經問過我能不能在速食店幫她辦生日派對。我當時沒有直接表態，只是面帶微笑地說：「寶貝，妳有沒有想到以更棒的方式來慶祝生日呢？現在爸爸給妳五百元，妳自己決定過生日的方式和地點，辦生日派對剩下的錢全部給妳。妳仔細地考慮一下，好嗎？」

在接下來的幾天，女兒在她的記帳本上算來算去，最終還是放棄了去速食店過生日。因為五百元絕對無法在速食店舉辦慶生會，與其如此還不如在家裡慶祝。最後，女兒決定將慶生會辦在家中，只邀請幾位最要好的朋友參與。

於是在慶生會的前一天，我和女兒一起到大賣場採購，並且布置場地，生日會的當天，女兒和朋友都玩得非常開心，而節省下來的幾十元就存進女兒的撲滿中。

女兒後來和我說，記帳本在當時發揮了很大的作用，如果自己堅持要去速食店舉辦慶生會，那麼之前努力省下來的零用錢一定會全部花光，但因為事先在記帳本

上估算金額後，發現慶生會辦在家中，不僅可以省去場地費，還能自己布置場地以及準備食物，讓整個慶生會更具有她的特色。從此以後，每當女兒想要消費或是購物之前，她總會在記帳本上估算金額，再做抉擇。

和孩子一起記帳

許多理財學者及專家都認為：「理財，從記帳開始！」因為大部分的人之所以不會理財，原因都是無法有效運用錢財，或是根本不把金錢當一回事。一旦學習了記帳方法，不但可以知道金錢流向，還能有效地運用金錢。因此，如果父母想要讓子女從小養成對金錢負責的態度，就得儘早培養他們學習記帳的習慣。

「錢到底花到哪裡去了？」這個問題，寧願父母在子女的年紀還小時問自己，也不要等到子女長大了，還得為他們的金錢觀、財務問題煩惱不已，甚至為孩子還債。

好習慣必須從小開始建立。既然記帳是理財基礎，就得讓子女體會記帳的好處，進而自動自發養成習慣，達到學習理財的目的。家裡若有念國中、高中的小孩，正好面臨青少年最叛逆、自我意識最強烈的階段，除非他們的理財觀念十分正確，否則父母給的零用錢，可能會造成孩子亂花錢的開端。此時，「記帳」就成為防止孩子亂花錢的重要方法。

家長千萬別小看孩子的記帳本，它對於培養孩子的理財能力有很大的幫助。當孩子擁有了自己的銀行帳戶或撲滿，以及專屬的記帳本後，當他需要消費時，就會更具針對性。因為已經在記帳本上明確地計畫消費，所以擁有記帳本的孩子，很少會出現盲目消費的現象。當孩子有條不紊地記錄下自己的各項支出，家長應及時地給予鼓勵和表揚，但如果孩子記錄的帳目十分馬虎，家長就要對他們進行適當的開導。

有些家長甚至認為：「我自己都沒有記帳的習慣了，怎麼可能去要求孩子記帳？」然而，「親子理財」的本意，就是要家長和子女共同學習理財知識，並且透過學習理財的過程，讓全家人都能擁有正確的理財習慣及態度，同時培養良好的親子關係。

為了讓子女養成記錄零用錢收支的記帳習慣，或讓記帳變成親子理財的好幫

手，筆者建議家長在教導子女記帳時，應該遵循以下四個原則：

1.家長一定要身體力行

當家長要求孩子去做某些事情時，他們通常會回應一句話：「為什麼大人都不用做？」因此，父母若想讓子女養成良好記帳習慣，自己一定要身體力行，並且記下每天或每週的家庭收支狀況。一旦家長熟悉了記帳的流程和方法，自然能傳授子女記帳的訣竅。

2.初期由父母協助

學習理財知識和學習語言一樣，愈早開始，孩子的觀念就愈紮實，並能應用在生活中，如果你想在孩子唸小學時，便讓他學習記帳，但又擔心他不解其意，從「協助」角度予以幫助是個好方法。

例如：幫孩子寫下金額、加總金額，然後藉機教導孩子這些「數字」的意義。如此一來，孩子便可透過父母的協助記帳，領悟數字的意義，提早為數學觀念打下良好基礎；家長也可以了解子女的用錢方式，並且增進親子間的互動，真是一舉數得。

3.獎勵代替處罰

孩子和同儕之間，都會彼此相互比較，當他發現周遭的同學、朋友都沒有記帳習慣時，你的孩子可能會發出不平之鳴，或是抗拒繼續記帳。

此時，父母千萬記住要以「獎勵代替處罰」。例如：唸小學的孩子確實完成每個月記帳紀錄時，可以送他具備鼓勵意義、可愛的貼紙貼在記帳本裡；讀中高年級的子女，若能好好完成每個月的記帳紀錄，可加贈小額零用金，以茲鼓勵。

4.記帳檢討會

記帳的另一個重點，是要讓子女藉著理財，瞭解該如何適當安排零用錢，而不是單純的紀錄流水帳而已。因此，父母至少一個月要開一次「記帳檢討會」，透過這個檢討會，和子女共同討論這個月的花費狀況，並且藉機告訴子女哪些東西應該購買？哪些支出不該花費？例如：抽屜裡已經有的文具，就不該因為電視上強打的新奇文具而興起了購買欲望。

此外，父母若想讓每次的「記帳檢討會」比較好玩、有趣，可以順便說些類似的寓言故事給子女聽，讓他們從小體會節約與儲蓄的重要性，自然就能增加記帳的

持續力。

由於記帳是一種必須長久持續，才能看出成效的理財行為，因此提升子女記帳興趣、維持記帳習慣，是每一位父母應該努力的方向。除了前述提過的方式之外，父母也要主動關心子女的記帳情況及進度，或是告訴孩子，當零用錢儲存到一定程度後，就可以圓夢，讓他們體認到：「記帳，不是無聊的例行公事，也不是自己的事情，而是全家人共同成長的大事。」

家庭收支算算看

我的同事張老師說，結婚之後，他和老婆就開始記帳，大至買車、買房子，小至去菜市場買菜等，家庭的日常支出都會清楚地記錄在記帳本上。

生了小孩之後，當孩子大概能聽得懂話語時，他就會讓孩子坐在他和老婆旁邊，聽他們計算一天的支出。雖然孩子聽得一知半解，但耳濡目染之下，他漸漸地知道記帳本的重要性。有時在睡覺之前，他還會再度和張老師確認，是否將當天的支出全部記錄在帳本上。目前張老師的兒子剛滿九歲，但是他已經有了屬於自己的記帳本，而這本記帳本上清楚地記錄著他購買學習用品共花了多少錢，或是買零食花了多少錢，交通費花了多少錢，甚至還有設置每個月的存款目標。

每天，他們一家三口會在客廳一起計算當天的家庭支出總額，兒子會根據爸媽所說的收入與支出，在家庭共同的記帳本上計算收支，更有意思的是，他還會經常寫一些消費心得。

舉例來說，他的兒子會寫下對於消費行為的反思，像是不小心買了非必要的商品；老闆看起來很兇，所以不敢殺價，但其實能以更便宜的價格購入等有趣的消費事件。而張老師也會在家庭帳本上回應兒子的心得，當兒子沮喪時，他會給予鼓勵；當兒子的理財技巧越來越進步時，他會給予讚賞。

當我聽完張老師分享他的理財教育時，我深感佩服，因為他從孩子還不會說話時，就開始和孩子講述理財的相關概念。直到孩子國小以後，每次看完兒子的心得留言時，還是以最關心兒子的態度回應他，這麼用心的家長，真是難能可貴。

由此可知，當全家人一起算出共同的家庭收入與支出時，孩子將能體會父母賺錢的辛勞，也能知道每個月的收入與開銷，故他們會隨之改變與調整用錢方式，並且學著聰明消費。

親子理財壓箱寶

1. 讓孩子記下自己的零用錢來源

剛開始記帳時，孩子必須清楚自己的零用錢來源，每當收到零用錢時，就要馬上記錄至記帳本上，而通常零用錢會包含上個月剩下來的錢，和本月從父母得來的零用錢，加上主動做家事，爸媽獎勵自己的錢，或是爺爺、奶奶等長輩給自己的錢。總之，不管孩子用什麼樣的方式得到的錢都必須記錄清楚。

2. 讓孩子清楚分類每個月的支出

為了讓孩子每個月的收支維持平衡，家長應該要求孩子把所有的支出記錄清楚，還要將這些支出分類。

一般來說，人們喜歡把支出分為儲蓄、捐贈、消費三大類。而消費當中又分成享受性支出和投資性支出，前者可以方便自己的生活，讓自己生活的更加舒服，例如：偶爾搭計程車去上學，而後者則是為了讓自己的能力獲得

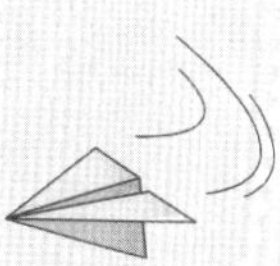

親子共同檢視記帳本，討論收支。

提升所進行的消費，例如：孩子為自己選購一些課外書籍，甚至報名參加喜歡的培訓班等。

3. 教孩子計算收入與支出

父母必須要教孩子計算收入與支出。根據前述兩點，首先應該讓孩子清楚自己的零用錢來源（收入），其中包括自己從哪些管道獲得零用錢，以及不同管道之間的金額差異。

接著，家長必須協助孩子記錄花費零用錢的情況（支出），一起和孩子算算看一個月內，自己能夠花多少錢，以及意料之外的花費大約是多少。最後檢視所有的支出後，找出哪些支出是必須的，而哪些支出可以減少或避免的。當孩子知道如何計算收入與支出後，將來孩子制定理財計畫時，就能更加得心應手。

4. 與孩子一起檢視記帳本

理財的第一步，就是要清楚，金錢花去哪裡？因此父母發零用錢給孩子

後，就必須培養孩子記帳的習慣。一般而言，至少需要記載收入與支出，而登記的頻率以每天記帳較為合適；項目內容，可以與孩子討論，一般分為食、衣、住、行、育、樂、其他雜支等七大類。

當孩子開始進行記帳後的一個月，就可以開始和孩子檢視記帳本了，這麼做的目的在於，重新檢視零用錢到底花到哪裡去。

此外，孩子或許會從數字的運算中感到訝異，因為自己在意料之外的開銷上花費驚人，或是從記帳本中發現自己曾經買下許多不需要的東西。

有鑑於此，父母一定要和孩子一起檢視記帳本，如此一來，孩子未來在消費之前，就能試著規劃零用錢，減少不必要的支出，守住存款裡的零用錢。

5. 親子共同討論理財方式

父母在檢視孩子的零用錢計畫表與記帳本時，就可以和孩子一起討論，該如何修正理財方式，以達成零用錢計畫表的規劃，進而完成夢想。

舉例來說，如果改掉一天喝兩罐飲料的習慣，那麼一個月就能夠省下不少錢，除了達成自己的理財目標之外，還能減輕身體的負擔。

經過一個月之後，將累積一筆為數不少的錢，這筆錢就可以完成自己訂下的目標，像是夢想已久的旅行，或是購買心儀已久的自行車。

透過親子間的共同討論，讓孩子知道零錢也能立大功，不需依賴家長也能自己完成夢想，更能體驗到機會成本的原則，畢竟飲料喝多了會變胖，而且只能滿足當下的欲望，而自行車除了能夠到處騎，還能使用很長的一段時間。

6. 請孩子規劃自己的零用錢計畫表

當孩子開始熟悉記帳的流程後，父母可以開始教他們規劃零用錢計畫表。事實上，只有紀錄收入與支出是不夠的，因為只看收入與支出，無法看出資源的全面性，所以父母必須請孩子規劃長期的零用錢計畫表，讓孩子瞭解自己在一個月或一年中有哪些必要支出、想要支出等，而自己對零用錢的規劃與運用方式是否能夠滿足這些需求。

該怎麼管理壓歲錢。

過年時節，孩子最期待拿到壓歲錢，而父母收到壓歲錢後幫孩子存起來，並給孩子看存摺是很重要的步驟。

一直以來，台灣在過年時節都有延續發壓歲錢給孩子的習俗。在古代，壓歲錢只是長輩在過年的時候給晚輩的象徵性禮物，希望透過壓歲錢討吉祥。

不過，隨著經濟的快速發展，人們的物質生活水準不斷提高，孩子從長輩身上得到的壓歲錢金額也不斷地增加，導致孩子拿到壓歲錢之後變得隨意揮霍，養成了浪費的用錢習慣。事實上，當孩子收到壓歲錢的時候，也是父母進行理財教育的大好時機。記得當年我第一次拿到壓歲錢，全身忍不住顫抖，因為從來沒有拿過這麼

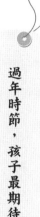

多錢，然而，我只擁有了大約一頓年夜飯的時間，回到家後，就被爸媽收走了，後來，每年的年夜飯結束後，我都會主動把零用錢拿給爸媽。當時的我不敢過問零用錢的去向，只能乖乖聽爸媽的話，所以我從來沒有壓歲錢可以花。

不過，現在的社會都很寵溺孩子，孩子拿到壓歲錢後，爸媽並不會拿走，反而會讓孩子自行保管，以及決定如何花用。不過，金額這麼龐大的壓歲錢，若是讓孩子自行使用，也只是隨著時間消耗殆盡。有鑑於此，我認為父母必須要幫孩子管理壓歲錢。

如何幫孩子管理壓歲錢

過年期間，親戚們聚在一起聊天，聊著以前孩子第一次拿到壓歲錢時，他們還不知道紅包裡的紙鈔是什麼，當祖父母發紅包給孩子，他們會以最快的速度打開紅包，然後把裡面的錢全部抖出來，當他們發現裡面除了紙鈔之外，再找不到其他東西就會出現失望的表情，接著他們就會把紅包塞到爸媽的手中，希望父母替他保管。今年過年，親戚的兒子依舊得到了很多壓歲錢，當親戚像往常一樣要把他的壓

歲錢收回保管時，兒子連忙說：「還是我自己保管吧，如果把錢給你們，等我想要花的時候，就很難拿回來了！」

親戚好奇地問兒子：「你想要用這些錢做什麼呢？」兒子興致勃勃地回答：「冬天我要吃很多炸雞塊，夏天的時候我要買很多的冰淇淋。」

由於親戚嚴加禁止孩子吃這兩樣零食，所以他的兒子總是很想多吃一些，於是他跟兒子說道：「爸爸不是和你說過很多次了嗎？我們家並不是吃不起炸雞，但是經常吃炸雞，很容易讓人發胖，難道你想變成一個小胖子嗎？」孩子看著親戚的眼睛，用力地搖了搖頭。親戚接著說：「冰淇淋雖然好吃，但是如果吃太多就會導致蛀牙，你希望年紀這麼小，就裝著滿口假牙嗎？」孩子聽完親戚的話之後，連忙說：「我不想吃炸雞和冰淇淋了，這些錢還是讓你保管吧。」

因為孩子的心智發展還不夠成熟，所以他們不知道如何運用這些壓歲錢。於是如何協助孩子處理壓歲錢漸漸地成為許多家長討論的議題。截至目前為止，家長管理孩子的壓歲錢通常有以下三種做法：

1.完全沒收孩子的壓歲錢

有些孩子在過年期間收到壓歲錢時，並不會顯示出孩子拿到錢該有的興奮和愉悅，因為他們知道爸媽回到家後，就會把錢全部拿走。一般來說，採取這種做法的家長通常都比較專制，認為壓歲錢就是要拿來貼補家用，完全不在乎孩子的心理感受。

不管孩子收到多少壓歲錢都要全數交給父母，因此，孩子對於自己的壓歲錢沒有所有權，也不具備應有的支配權。小時候，我的爸媽就是以這種方式來處理我的壓歲錢，雖然我的心裡感到有些遺憾，但現在的我卻能體會父母當時的辛苦。

事實上，每一年，孩子的教育費、飲食費等支出遠比壓歲錢的金額還高，某些經濟狀況比較不穩定的家庭，家長可能被迫將孩子的壓歲錢，當作暫時的經濟來源，所以很難評價這種做法的好壞。

2.家長暫時替孩子保管

雖然某些家長會收回孩子的壓歲錢，但他們會向孩子說明，父母只是暫時替孩子保管壓歲錢，孩子依然是壓歲錢的主人。不過孩子的權利會受到家長的限制，當

他需要使用壓歲錢的時候，必須先經過家長的同意才可以。因為父母擔心孩子會隨意花用金額龐大的壓歲錢，所以家長通常會幫孩子設立新的帳戶，並將孩子每年的壓歲錢存入銀行中。每一年，父母都會拿著金額不斷增加的存摺給孩子看，以證明他們只是暫時替孩子保管壓歲錢。

3.孩子擁有壓歲錢的支配與所有權

一般來說，家庭較為富裕的家庭，家長通常不干涉孩子的壓歲錢用法，他們認為，既然是孩子的壓歲錢，就該讓他們負責支配，家長不應該干預孩子。值得注意的是，當孩子的理財能力還不夠穩定時，如果放任不管的話，壓歲錢只會被孩子逐漸花光。像是隔壁鄰居的孩子小峰，他在過年期間收到了五千元的壓歲錢，他先用一千元買了一雙名牌球鞋，剩下的四千元就在與自己的好朋友吃飯、玩樂中用完了。

事實上，前述的三種處理方法，針對提高孩子的理財能力都有局限性，因此家長必須綜合這三種方法的優缺點，試圖找出一種合理、有效的方法，以管理孩子的壓歲錢。

親子理財壓箱寶

1. 將壓歲錢存起來

家長應該建議孩子根據自身的需要，將壓歲錢分為好幾份，像是將一部分的壓歲錢存入銀行，如果孩子需要消費時，就能隨時取出。

大部分的壓歲錢，則以定期儲蓄的方式存進銀行，若是孩子將來有需要購買的大型商品，像是電腦、電子辭典等資金，就可以從中取用。

此外，若是孩子的壓歲錢金額真的相當龐大，父母可以協助孩子做更長遠的規劃，像是購買儲蓄基金、保險等投資，讓孩子的壓歲錢能夠持續累積。

2. 用壓歲錢購買增值商品

一般來說，郵局每一年都會販賣一些限量，或是有紀念意義的郵票，通常孩子都會很樂意購買郵票來收藏。

如果家長每年都陪著孩子到郵局以壓歲錢購買郵票的話，不但可以拓展

孩子的視野，還可獲得收藏品，可說是一舉兩得。

此外，黃金絕對是只增不減的增值商品，若是孩子同意將部分壓歲錢拿去買黃金，相信未來的他們將會獲益良多，因為這些商品的增值幅度可能超乎一般人的想像。

3. 將壓歲錢投資到學習中

事實上，將壓歲錢投資到孩子的學習計畫是最明智的投資方式，父母可以觀察孩子對於哪方面的議題、科目較有興趣，並與孩子討論後，選出孩子想看的學習雜誌、聽力MP3等商品。

前述的投資方法將有利於培養孩子愛讀書、學習的好習慣。雖然一時之間，孩子可能無法了解這種投資方式的獲利，但是以長遠的角度來看，孩子可能因為這些學習投資，成為更棒、更有目標的人。

4. 用壓歲錢學習分享

世界上，很多有錢的人，他們很難感受到快樂，因為他們的內心只想著如何獲利、賺取金錢等自私的想法，久而久之，他們再也無法體會滿足的感覺，再加上他們從來不懂得財富是需要分享的，故他們雖然有錢，卻總是獨來獨往，絲毫不快樂。

事實上，每個人所賺取的錢，全都是來自於社會，因此這些錢應該用之於社會，而非存進自己的保險櫃。世界上越來越多的富豪紛紛將擁有的財富拿出來做公益活動和慈善事業，讓別人分享自己的錢，因為他們深知：「取之於社會，用之於社會」的道理。

有鑑於此，每當孩子領完壓歲錢，父母應該引導孩子學習與他人分享，並且鼓勵孩子多參與公益性的捐款活動，以部分的壓歲錢捐贈災區，或是貧困的非洲孩童。

在學習分享的過程中，孩子的分享意識、奉獻精神都會逐漸增強，他們也會越來越有愛心，心靈層面將會更加富足。

5.除了金錢，人生還有很多值得珍惜的東西

家長要讓孩子明白：「錢不是萬能的。」雖然每個人都需要依靠金錢來

過生活，但也不能讓金錢成為生命的全部。

除了金錢以外，還有很多值得孩子珍惜的東西，像是親情、友情以及得來不意的愛情，這些都不是金錢可以取代的，一旦失去後，就再也無法挽回了。

此外，孩子必須要知道，金錢只是達到目標與夢想的工具，而非萬靈丹，例如：有些人雖然很有錢，但是無法逃脫疾病的折磨，以及意想不到的災難，因此不是有了金錢就可以高枕無憂。

父母還能為孩子講解許多事例，讓孩子能夠從中體會，很多事情並不是擁有金錢就可以解決的。

第四章

親子必修的理財教育

家庭是理財教育的原生點，
因此父母必須以身作則，
甚至和孩子共同學習相關知識。

常見的理財教育誤區。

很多家長誤以為理財教育必須要指導孩子如何投資，不過，針對孩子的理財教育，其實只要讓他們學習管理自己的錢，並且從中學習負責。

我知道父母在建立孩子的金錢觀時，父母可能會碰到一些困擾，或是誤觸理財教育的禁區，為了消除父母的疑慮，因此我特地在這一章節列出常見的理財教育誤區，提供各位家長參考。

理財教育並非投資教育

理財教育不等於投資教育，很多家長誤以為理財教育必須教導小孩投資基金、股票，然而，兒童理財的基本意義是：教孩子管理自己的錢，知道錢從哪裡來、怎麼花用，並且從中學習負責任的態度。

理財教育並不是在孩子年紀很小，還不懂得如何加減乘除等計算概念時，就要孩子去投資股票，而是要讓孩子認識「錢」這項工具，並且學著與它相處，以及記住這項工具的使用方法，畢竟對孩子來說，金錢是孩子與社會最重要的連結，藉著學習理財，可以讓孩子瞭解金錢與社會的關聯性，且能透過金錢和社會接軌。

理財教育不嫌早

錢並不可怕，而不懂得理財、以惡劣的手段賺錢，才會造成可怕的後果。不過，很多父母認為從小就和孩子談錢，是一件很勢利的事，但是人從出生之後，就與錢脫不了關係，唯有真實的接觸過金錢，才能讓小孩感受到，錢所帶來的各種課題，並且讓孩子理解，錢是用來交換人生所需的工具。此外，錢有儲蓄、花用、分享等功能。不過，父母若是沒有從小教育孩子金錢的用途，或許孩子長大後，將不知道該如何用錢。

舉例來說，我的鄰居許太太家中，有個孩子已經小學三年級了，許太太為了不讓孩子養成愛慕虛榮的個性，她拒絕讓孩子從小接觸金錢。上幼稚園的時候，兒子的玩具、零食、學習用品、衣服等都是由許太太採買，孩子從來沒有實際體驗過花錢的感覺，所以他也不知道金錢的用途何在。剛開始，許太太還以為自己的教育方法奏效，而感到相當開心。

隨著時間的流逝，許太太發現孩子竟然沒有物質欲望，因為小學三年級的兒子不知道如何使用金錢。有一次，學校的校外郊遊，許太太在兒子的口袋塞了二十元，可是兒子卻一直拒絕。在許太太的要求下，兒子終於答應將這些錢帶在身上，不過當兒子回到家後，許太太發現那二十元還在兒子的口袋。還有一次，許太太不小心將用來包紅包的錢撒落在了地板上，但兒子竟然對那些百元、千元的錢幣沒有反應，甚至毫不在意地在紙鈔上踏了好幾遍。

許太太告訴我，她從沒想過自己的教育方法竟然適得其反，以前的她為了不讓

孩子養成亂花錢的習慣，才不讓孩子接觸金錢，但是現在的她反而為了孩子不會花錢而感到苦惱。

其實，不恰當的理財教育還會導致很多問題。我的好友張老師前幾天打電話來向我訴苦，她是一位知名的補習班主任，不過讓她感到煩惱的是，最近班上出現了一位「購物狂」。

張老師經過調查後得知，班上的學生都稱這名小女孩為「購物狂」。因為只要一下課，女孩就會馬上跑到便利商店去，接著她會抱著一大堆東西心滿意足地回到教室。張老師和女孩的家長進行溝通後，才知道孩子龐大欲望的原因為何。

因為女孩的爸爸沒有時間陪她，只好以物質需求滿足她，女孩很喜歡旁人對她投射的羨慕眼光，促使她購物的欲望變得越來越強大。

前述的兩個例子分別代表兩種錯誤的理財教育。許太太為了不讓孩子在拜金主義的教育下成長，拒絕讓孩子接觸金錢，卻導致孩子無法認識金錢的用途和功能。而第二個案例中的女孩，其父親為了補償孩子的心靈缺失，毫無節制地提供孩子大量的零用錢，最後導致女孩成為「購物狂」。

毫無疑問地，造成孩子出現這些問題的根源在於，家長實施了錯誤的理財教育，或者根本沒想過要對孩子進行理財教育。

有鑑於此，理財教育應該越早開始越好，坊間許多專家建議，親子理財要從幼稚園開始，因為形塑孩子的理財習慣，學齡和國小期間是理財基礎的養成時期。

別過度濫用錢的功能

某些家長總是過度濫用錢的功能，但是他們卻自以為在教育孩子的理念上，擁有一套理論。雖然他們很重視孩子的理財教育，但這些家長只有灌輸孩子賺錢的重要意義、以及如何賺錢等勢利想法。家長甚至以金錢來控制孩子的學習成績，當他們取得較高的成績，家長就以金錢來獎勵他們。

在前述的過程中，家長沒有確立孩子正確的價值觀，可能會導致他們把金錢當作衡量一切的標準，甚至誤認讀書就是為了獲得金錢，而搞錯正確的學習目的。因此很多學者專家對於「以金錢鼓勵孩子考高分」的作法持保留的態度。

事實上，考試成績的優異可以用別的方式替代金錢獎勵，像是以集點貼紙換獎

品，或是籌備孩子很想去的郊遊等，都是犒賞孩子的方法。

有鑑於此，家長需要注意的是，進行理財教育時，過度讓孩子追求金錢獎勵，可能會讓他們變成唯利是圖的人。此外，若是家中有另外一個孩子，其成績較差，將會引發孩子的自卑感，因為父母的獎勵制度等於是告訴孩子，讀書至上，其他事情都不重要，故父母一定要拋棄這種不正確的教育方式。

不要無條件滿足孩子的需求

有些家長深受傳統思想的影響，他們認為孩子最重要的工作就是努力學習，根本不需要教育孩子的理財觀，而他們對孩子唯一的要求就是，希望他們將來能夠考取一所不錯的大學，從此就能擁有美好的生活。

尤其是富裕的父母，通常會不惜一切代價為孩子創造有利條件，再加上他們不願意看到孩子沮喪的模樣，因此不管孩子提出什麼要求，家長都會無條件滿足，如此一來，孩子會認為只要發點脾氣，就能獲得想要的東西，便會食髓知味。不過，越有錢的家庭，越應注意孩子的理財教育，因為金錢在富裕的家庭不是匱乏的東西，孩子一向過著茶來伸手、飯來張口的生活，促使孩子以為錢的取得很容易，等到長大以後，他們將會失去理財能力，甚至淪為「月光族」、「卡奴」。

如果你也秉持這種教育方式，那麼將會對孩子的金錢價值觀帶來不良影響。父母要記得，孩子的理財能力不是天生的，也不會隨著年齡的增長而提升，而是需要後天的培養。有鑑於此，富裕家庭的父母，更需留意孩子的情緒和人格發展，像是鼓勵他們設立遠大的夢想，並且刻意不嬌寵孩子。

金錢並非獎勵孩子的最好方法

家長都希望孩子的學習成績名列前茅，故為了鼓勵孩子，很多家長採用了學習成績和金錢掛鉤的方法。如果孩子的分數進步幅度比較快，他得到金錢的數額相對較大，如果孩子的分數上升的幅度比較慢，那麼他得到的獎金數額就比較小。其實獎學金制度早已被廣泛地應用到世界各地的學校中，因為獎學金制度既可以激發學生的潛力，又能夠協助學校挖掘人才。

不過，因為孩子的世界觀、人生觀和價值觀還在形成當中，這種作法不宜太早

沿用到家庭教育中。雖說獎學金制度在短時間內獲得的成效很大，但是從孩子的長遠發展來看，將會帶來很大的負面影響。

舉例來說，隔壁的李太太從女兒來到世界上的第一秒開始，她就和丈夫決定，絕對要把女兒培養成出類拔萃的人才。為了能夠找到一種行之有效的教育方法，她和丈夫翻遍了教育叢書。

每次李太太算錢時，五歲的女兒都會深感興趣地看著她，李太太發現女兒對金錢數字非常敏感，於是李太太想出了一套教育方法，也就是金錢激勵法。

經過一番周全的計畫之後，她決定開始實施金錢激勵法。假如孩子很聽話，每天都自己動手完成該做的事，那麼李太太就會發給孩子數額不等的獎金。

為了激勵女兒，李太太曾經制定家事報酬表。表格裡分別羅列相應的工作，媽媽應該給女兒的報酬。例如：每幫媽媽洗一次碗可以獲得二十元，主動為花草澆水，並進行修剪則可得到十元，進入班級前五名可以得到五十元……等，在這種制度的激勵下，明顯提升了孩子主動做家事的動力。等到女兒上學後，李太太更是讓金錢激勵法發揮到極致。

女兒剛上學時，她的課業成績不好，考試總是不及格，所以李太太就和女兒約定，若是下次考試可以得到七十分，就會發給女兒一百元作為獎勵。

雖然那次測驗當中，孩子沒有得到七十分，可是她的成績有進步，李太太依然給了女兒八十元作為獎勵。隨著孩子的年紀漸長，李太太為女兒設置的獎金數額也在不斷地增加。

最近李太太發現女兒在購物時，從不比價，曾經有好幾次，女兒都因為太衝動而買下不合適的商品或是冒牌貨。有一次，女兒又想購買一款新上市的化妝品，但女兒在不久之前，剛買了一整套都還沒使用，李太太便出面阻止。

正當李太太試圖說服女兒下次再買時，沒想到女兒卻回她：「這些錢都是我辛辛苦苦做家事賺來的，我想怎麼花就怎麼花。」

事實上，李太太的教養故事與許多家長雷同，原本希望以金錢獎勵孩子的主動與辛勞，卻導致孩子成為過度功利的人。

假如家長經常以金錢作為獎賞孩子的報酬，例如：孩子在家中掃地或洗碗，就以金錢作為獎勵；考試得高分，也給獎學金以茲鼓勵。但日積月累下來，可能會讓

孩子忽略了親子之間感情交流的重要性，他們將誤以為任何事物都是建立在金錢上，因而失去爸媽起初獎賞、鼓勵的本意。有鑑於此，家長應該讓孩子理解人與人之間的關係並非建立在金錢上。

畢竟，當父母實行金錢獎勵制度的時候，孩子最關心的是能夠得到多少獎金，而不會正視他在做的事情，導致孩子變得非常短視近利，只做那些能獲得利益的事情，而其他不能獲利或是在短期內無法取得報酬的事，再也不能引發他們的興趣。

由此可知，如果父母讓孩子認為，所有的學習與努力都只是為了賺更多錢，將來孩子一定會成為唯利是圖的人，故父母應該從小帶著孩子做義工、與人分享財富，讓孩子學習付出與貢獻，而非死守金錢。

其實，隨著生活水準不斷提升，現在的孩子在物質生活上幾乎都很富足。即使有想要的東西，也並非他們生活和學習中不可或缺的事物。

如果要他們付出很多的努力，才有可能得到，或是即使付出努力，得到的機率也不高時，很多孩子就會選擇放棄。

家長用金錢作為激勵孩子的方式，在短期之內可能會獲得一定的效果，不過，有時金錢獎勵制度不僅不會得到良好的成效，甚至還有可能適得其反，讓事態變得更加糟糕。

舉例來說，如果家長設置了一筆金額龐大的資金，作為一個成績中等的孩子得到全年級第一名的獎勵，希望以此激勵孩子努力用功。

剛開始，孩子可能躊躇滿志，堅信自己肯定能夠實現這個目標，可是隨著時間慢慢流逝，他開始客觀地評估自己的能力，看到那些出類拔萃的同學依然鶴立雞群地占據著考試成績的寶座，於是他變得越來越沒信心，猶豫、不安、急躁等各種情緒將會一發不可收拾地湧上來，導致他選擇放棄。

如果放棄的次數增多，孩子的挫敗感將會越來越強烈，並且逐漸地產生負面心理作用——學習是一件非常痛苦的事。

比金錢獎勵還重要的事情，就是讓孩子發現學習本身的魅力，從中找到讀書的樂趣，才是長久的激勵之道。這麼一來，孩子將會主動學習，而不是為了得到家長的獎勵而學習。假如孩子看重的是家長的獎勵，一旦家長不再設置獎勵，或是對家長的獎勵不再感興趣，那麼孩子就會失去學習的動力了。

有鑑於此，父母應該以引導的方式協助孩子愛上學習，而不是用高額的獎學金誘使他們讀書，最終，孩子才能獲得自主學習的動力。

零用錢的支配原則

以我們家的零用錢制度為例，與孩子討論過後，我會在每個月的月初發零用錢，每一次發零用錢之前，我都會和孩子重新再說一次零用錢的支配原則。首先我會請他們在記帳本上，寫下日期與支出金額，接著把三分之一的零用錢放進撲滿中，而剩下來的錢就放進專屬的錢包裡。

每收到或支出一筆錢，都要詳細地寫在記帳本上，尤其是支出的列表，只要能夠拿到發票，就一定要向商家索取，如果商家沒有提供發票，我會告訴孩子記錄完支出金額，才能離開店家。

每個月月底，我都會拿著他們兩人的記帳本，和他們一起檢討當月的收支。如果收支平衡，我會幫他們蓋笑臉印章，並且提高零用錢額度；若是誤差不大，我會蓋上沒有表情的印章，稍微提高一點零用錢額度；而收支極度不平衡時，我會蓋上哭臉印章，但不會多給他們零用錢。最後，我會給予孩子一些支配零用錢的建議，才結束會議。

一般來說，父母往往只知道給孩子零用錢，卻沒有教導孩子該如何支配零用錢。因此，父母在發零用錢之前，應幫助孩子建立正確的金錢觀念，像是教導孩子體認父母賺錢的辛苦、為什麼要賺錢，以及培養孩子儲蓄的習慣等。當孩子逐漸瞭解正確的金錢觀念之後，再支配自己的零用錢時，將會比較謹慎。

此外，家長本身也應以身作則，若能在每個月擬定固定開支，例如：本月分的買菜預算多少錢，補習費多少錢等。孩子在家長的耳濡目染之下，自然而然就會學到支配金錢的方法與態度。

一般來說，孩子往往會把零用錢花在自己喜歡的東西上，父母可以藉此機會觀察孩子選擇及購物的能力，並瞭解孩子的興趣所在。此外，由於孩子的判斷能力較差，或許會買到不適合自己的商品，此時父母應先瞭解孩子買東西的動機，事後再藉由溝通來告訴他如何選擇更好、更有效益的商品。

學習支配、使用金錢的經驗，可以幫助孩子以正確的態度處理自己對物欲的需

求。畢竟，欲望是永遠無法滿足的。

究竟給多少零用錢才恰當？這個問題沒有確切的數字，最大的原則是應固定金額，以訓練孩子練習理財預算。實際確定金額是多少以後，就應配合孩子不同成長階段的需求來定。

其實，在安全限度內，父母不妨在提供「建言」外，放手讓孩子實際運用零用錢，即使偶有使用不當的情形，也可當作錯誤嘗試的學習，正所謂「上一次當，學一次乖」，在失敗的經驗中讓孩子自己去修正、檢討。最重要的是，家長要從旁給予輔導、協助。

總之，零用錢對於孩子，或許帶來某些正面影響，也或許會造成負面影響。而為人父母者，只要隨時注意觀察孩子用錢的情況，以恰當的方法，適時提供意見，就能將孩子的金錢觀導入正確之途。

親子理財壓箱寶

1. 別把學習成績和金錢連結

家長不要把金錢和孩子的學習成績連結在一起，否則會讓孩子產生錯覺，因為獎學金制度的實施，造成他們認為獲得高分，就能得到很多金錢，而得到獎學金成了學習的最終結果，若是沒有獎學金的鼓勵，孩子將不會主動學習。

由此可知，父母不能一味地用金錢獎勵孩子，而是要讓孩子明白，讀書是為了讓自己獲得更多知識，並且不斷地充實自己，如此一來，才能讓人生變得更加精彩。

2. 讓孩子明白賺錢的辛苦

家長必須讓孩子明白賺錢的辛苦，以及告訴孩子：「天下沒有白吃的午餐。」任何事物都需要靠自己的雙手去爭取，永遠不要企圖不勞而獲，其中也包括不要期盼、心安理得地從父母身上得到金錢。

父母應該要讓孩子學習自力更生，瞭解「靠自己」才是生存在社會的唯一方法，當孩子明白了這些道理，且具備堅持不懈的精神，相信他們一定能走出屬於他們自己的路。

3. 別讓孩子執著於「想要有錢」的念頭

由於現在社會充斥著不當的欲望，像是喝酒、吸毒、上網咖、濫用手機等，都和金錢價值觀相關，而借貸成為理所當然的索取方式，一方面是同儕間彼此影響，一方面則是與父母的行為示範有關，故父母必須以身作則，且及早導正孩子不當的行為。

若父母能以健康的心態教育孩子，告訴他們，金錢是一種流動的能量，不要讓孩子執著於「想要有錢」的想法中，反而要鼓勵孩子，靠著自己最感興趣的專長，最後，這些能量將會以金錢的形式回到孩子身上。

4. 儲蓄的重要

事實上，不管一個人多富有，如果他不知道儲蓄，那麼總有一天會坐吃山空。舉例來說，我會向孩子解釋，放在撲滿裡的錢不會自動變多，但是如果放在銀行，就能讓小錢變成大錢，而我也會把孩子每年的壓歲錢存進銀行，並且定期讓孩子看存摺數字，讓他們知道金錢真的逐年在增加，藉此告訴他們儲蓄的重要性。

5.讓孩子學會消費技巧

家長必須讓孩子學習消費技巧，因為花錢也是一門學問，通常商家為了讓消費者購買自己的產品，會設法吸引消費者的注意，並且透過各式各樣的方案促使消費者購買產品。有時孩子會因為廣告的誘惑，或是盲目追逐名牌的情況下，購買一些不具實用性的商品，甚至還會因為過度草率，沒有仔細檢查，而買到粗製濫造的產品。

由此可知，父母應該教育孩子購買商品時應該掌握的技巧，並且教孩子面對複雜卻有趣的交易市場，像是買東西先看標價、獲得充分資訊再採買等機會教育，因為理財決策要做得好，必須獲得充分的資訊，相信孩子在家長的身教與言教下，能以正確的態度、冷靜的眼光看待消費誘惑，並節制消費

欲望，以最少的金錢換取最優質的服務或商品。

6. 別用金錢代替親情

許多富裕的家庭，會認為金錢是最有效、直接的關愛方式，因此只要孩子做簡單的小事，家長就會用很多錢來獎勵孩子。他們不僅用獎學金來鼓勵孩子學習，此外，他們還透過零用錢，請孩子替自己完成瑣事。

前述的家長做法，將會淡化親子關係，因為親子關係只剩下金錢交易，而孩子十分欠缺父母的關懷，導致親子關係惡化，再加上孩子沒有機會學習關心父母。若是父母沒有給予獎勵，他們甚至不願意幫忙父母。雖然家長的初衷是好意，卻沒想到以這種方式獎勵孩子，竟然讓親子之間越來越疏遠，所以家長千萬別用金錢代替親情。

7. 別讓孩子以金錢彌補過錯

孩子會犯錯是很正常的事情，有些家長為了懲罰孩子，當孩子犯錯時，會因此減少孩子的零用錢。雖然用這種方法可能會減少孩子犯錯的次數，但是它會帶來更大的負面效應。若是長期執行下去，或許會讓孩子以為自己犯了什麼錯，都可以用金錢來擺平，甚至讓孩子養成拜金主義的性格。

8. 用「愛」來獎勵孩子

很多家長忙於工作，疏於照顧孩子，只好以金錢來彌補，不過，相對於金錢來說，孩子更需要的是來自於父母的關愛、肯定和賞識，因為前述的關懷能讓孩子感受到自我存在的價值。透過父母的關心，孩子知道不管父母多忙，他們最在乎的是孩子。父母一句發自內心的讚賞，一個溫暖的擁抱，對於孩子來說，都是很好的獎賞，故父母應該在日常生活中，多和孩子進行情感上的溝通和交流，讓孩子真切地體會到來自父母的愛。

孩子一定要知道的理財知識。

教導兒童正確理財的課程正紅遍全球，而孩子一定要知道的理財知識，不外乎是管理財務的態度、觀念以及習慣。

曾經有個信用卡廣告，鼓勵大家努力借錢來完成人生夢想。廣告拍得很美，的確相當觸動人心，但是現實生活卻不然，以信用卡或現金卡開創事業，或者完成人生夢想，具有高度的風險，且在高利率的循環利息之下，過沒多久，恐怕就要準備以債養債、陷入困境了。

有夢想應當努力追尋，但是追尋的方式需要多加考量，像是前述的廣告訊息，往往透過編劇、美麗的音樂與畫面說服閱聽者，但是背後卻隱藏了許多錯誤的消費

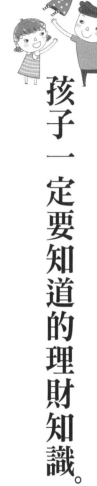

訊息，鼓勵我們借錢很容易，只要幾分鐘，便可滿足生活上的欲望；然而，之後必須付出的代價，是不會在廣告中告訴我們的。

告訴孩子借貸的後果

前述的信用卡廣告，真切地描寫出現代人的理財惡習，若是當人生遇到債務危機時，首先想到的都是借錢，電視上找來名人，或是曾經欠下鉅額的藝人，拍攝好看、感人的廣告，宣傳信用卡、現金卡等借錢的好處，把借錢形容為一件很簡單的事，導致幾年前社會上出現許多卡奴、卡債族。

有鑑於此，父母一定要防範於未然，當孩子說要借錢，或是知道孩子可能會和朋友借錢時，必須早點告誡孩子，而且要用比以往更認真的態度讓他們知道，隨意借貸會讓人留下不好的印象。

在兒子大約三年級的時候，一位與他很要好的同學，和他借錢買東西，不過卻遲遲沒有還他錢。由於兒子覺得友情比金錢更重要，本來不打算和同學催錢，卻被我制止，我藉機和他討論「為什麼同學應該要還錢」、「有借有還，再借不難」、

「救急不救窮」等道理，並且以角色扮演的方式，和兒子演練朋友向他借錢的過程，例如：若是你和朋友催錢，朋友卻裝傻，該怎麼辦？

以各種不同的情況沙盤演練，希望兒子在面對同學時，可以告知他「有借有還，再借不難」的道理，過了一陣子，同學終於還錢了，兒子和同學之間再也沒有芥蒂存在。

許多父母碰到這種借貸問題，通常會選擇責罵並消極禁止，但若能從小小的錯誤中記取經驗，也勝過長大後被倒會、詐騙。如果孩子的同學借錢不還，父母大可不必急著帶孩子到學校理論，反而可以趁機鼓勵孩子思考：對方為什麼會經常借錢，是否他的生活有困難，還是因為他不懂得節制亂花錢？有什麼方法可以提醒對方還錢又不傷感情？下次借錢之前，是否該與對方約法三章？

基本上，朋友間相互幫忙可以進一步加深人際關係，只要不是常態性的借錢或被借錢，並遵守借了錢就一定還的標準即可。

通常父母都希望孩子之間盡量不要有金錢借貸的關係，因為借了錢就有可能發生不還的問題。不過，像是掉了錢包，以致於沒錢吃飯、坐車回家，這時以互相幫助的想法而產生的借貸關係，則不需要加以否定。父母可以告訴孩子，當朋友真的有困難，先思考以下兩點：朋友當時是否真的需要那筆錢、自己是否要幫助他？如果情況合情合理，就把這筆錢當作捐贈般借他，若是自己借了錢，隔天一定要還，以避免損及朋友之間的信賴關係。

一般來說，在孩子還小時，不可能會產生大筆金額的借貸問題，但是成年後，如果孩子的借款一旦發生狀況，存款可能會瞬間歸零，故父母在建立孩子金錢觀念時，一定要告誡孩子金錢借貸的壞處，未來當他處理相關貸款時，必定會更加謹慎小心。

到銀行實際教學

某一天，我看到報紙上刊登了一位銀行職員的文章，他是一位觀察入微的人。在文章當中，他總結了多年的工作經驗，並寫了一些關於到銀行辦事的家長是怎麼傳授孩子關於儲蓄的知識。

他的文章提到，很多家長在銀行辦理業務時，喜歡帶著孩子前往，並且和孩子

一起觀察銀行的流程，當他們向銀行職員進行諮詢時，會讓孩子站在一旁靜靜地聆聽。曾經有一位顧客和他說：「帶孩子來銀行多看看，可以讓他們儘早接觸一些理財的相關知識，有時候我還會讓孩子替我辦理一些業務，這樣不僅能夠增強他們與人溝通交流的能力，還加深了他們對金融知識的認識，何樂而不為呢！」由此可知，讓孩子進入銀行觀察實際的存貸款業務是最有效、直接的理財教育方法。

孩子走進銀行後，將能瞭解金錢的具體流動方式。同時，家長應該為孩子講解每個銀行運作環節的作用與意義，否則孩子的理財能力不僅不會提升，還會造成孩子的誤解。

舉例來說，小麗今年已經六歲了，她的媽媽很重視理財能力的培養，不僅為小麗買了一些關於理財的書籍，還帶著小麗去銀行實際教學。小麗的媽媽以往最討厭在大廳內排隊等候辦理業務，不過，自從媽媽帶著小麗來到銀行之後，她發現了排隊叫號的好處，因為孩子將會有更多的時間去觀察別人是如何辦理銀行的業務。

因為媽媽認為小麗可以自行理解銀行的交易流程，堅持讓孩子自己觀察，很少為孩子講解關於理財的具體知識。根據小麗的觀察，她發現每次都有很多人在大廳裡面等待，然後櫃檯裡面的阿姨總會拿出厚厚的鈔票，取錢的人們，臉上都會露出一絲開心的微笑，於是在小麗的心中出現了這樣的概念，銀行是非常神祕的地方，裡面有數不完的鈔票等著人們去拿。

有一次，小麗和媽媽一起逛商場，小麗被一款新的芭比娃娃吸引住了，媽媽認為這種款式和家裡的芭比娃娃沒有太大的區別，於是告訴女兒自己帶的錢已經花光了。可是小麗卻回答：「沒錢的話，可以去銀行提，那裡有這麼多錢，永遠都花不完。」

由前述的案例可以知道，到銀行教學並非讓孩子自行觀察即可，還應該以探討或其他方式進行教學，小麗的媽媽因為沒有教育孩子銀行的業務流程，導致孩子對於銀行確切的認知很模糊。

帶著孩子熟悉銀行業務

一些西方國家，在孩子小的時候就開始讓孩子熟悉銀行的業務流程，以及主要的理財產品。事實上，讓孩子參與實際的銀行理財活動，比起單純說教的效果好得

多。舉例來說，美國的教育部從孩子國小期間就開始實施理財教育，同時也得到政府的重視。透過美國教育部資助，全國大約三千所國中、小學生每年都會參加一項儲蓄計畫──「為美國而儲蓄」計畫。

參考美國的理財教育，從孩子踏進幼兒園起，他們就會接受許多關於理財的概念，並且知道錢是什麼，以及錢在生活中所扮演的重要角色。學校也會在開設相關課程的同時，鼓勵學生研究證券市場、投資理財、信貸業務，其中捐贈免稅的理論也會在學校的課程中討論。根據美國的理財教育，孩子從小就知道證券市場、投資理財等銀行業務流程。由此可知，當他們熟悉銀行的業務流程時，他們的理財能力也會跟著提升。

對於年齡還小的孩子來說，他們和銀行進行最多的業務往來就是存、提款活動。而孩子的儲蓄習慣就是在生活實踐中慢慢養成的，有鑑於此，讓他們走進銀行無疑是培養孩子良好儲蓄習慣的有效方式。

此外，家長可以透過銀行理財教導孩子簡單的投資方式，例如：兒童帳戶、基金定存、國債、銀行理財產品等，讓孩子學會財富的保值增值。根據理財專家的建議，家長不僅能引導孩子進行基金定存，以年為單位，將壓歲錢、獎學金等存進去，還能夠定期拿出基金帳單，為孩子講解相關的理財知識。

什麼是利息與利率

利息是一種成本的概念，也可以「使用者付費」來解釋，當借款人需要錢，必須支付使用成本給儲蓄者，前述所支付的成本就是利息。故家長可以反過來教育孩子，讓他有「使用者付費」的概念。當他希望得到玩具或是糖果餅乾時，可以要求他做一些家事或是完成一件工作，這些工作就是他應該相對付出，才能得到玩具或是糖果餅乾的成本。

利息則是孩子們最早能夠接觸到的「收益」概念，教育學者認為，當孩子的年齡達到六歲以後，已經可以告訴他們較為艱深的理財觀念，因為六到十二歲是人格發育的重要階段，這個時期，孩子的價值觀正在逐漸形成，所以家長要對孩子細心地引導，並以體驗型態的教育方法，讓孩子的印象更加深刻。

家長不妨考慮為孩子辦一張借記卡（指先存款，後消費或取現，並沒有透支功

能的信用卡。其按功能不同，又可分為轉帳卡、儲蓄卡、專用卡及儲值卡），讓孩子能夠定期存錢，藉此告訴他們利息的概念，並帶著他們到銀行去，將銀行儲蓄的方法、種類、利率等知識傳授給孩子。此外，父母還可以讓他們計算利息，使孩子意識到定期存錢就能增加財富，創造成就感。

事實上，最簡單的利率認識方法為，拿存摺給孩子看，讓他看到存入的錢會逐年增加，但是現在銀行的利率實在太低，除非金額數字較大，才能看得出差異。

此外，家長也可以在家裡和孩子玩利率遊戲，如果孩子每天都有達成當天該做的事項，就給小孩十元，讓他能夠投入存錢筒。接著父母和孩子可以共同做一本存摺，記錄存下來的金額，再設定高一點的利率，由父母投入這些利息金額在存錢筒中，經過一段時間後，再和孩子一起計算存錢筒裡的金額，孩子將會發現金額的數字正在慢慢增加中。

讓孩子的錢越來越多

我的好朋友小張，他的親戚家裡的經濟狀況都不錯，每當過年時節，親戚們都

會發給小張的兒子很多壓歲錢。今年兒子領到的壓歲錢竟然高達兩萬元，如果讓孩子自行處理這筆龐大的壓歲錢，顯然會在吃喝玩樂中消耗殆盡。因為兒子的年紀還小，無法運用這麼多的金錢，所以小張決定暫時替孩子保管。在得到兒子的同意之後，他把孩子的壓歲錢按比例分成了好幾份。一部分作為儲蓄之用，兒子的零用錢都是從這裡提取，另一部分，張先生則用來投資，自己擔任管理的職責，到了年底的時候，張先生會把自己代替兒子管理的投資概念講給孩子聽，讓他明白這些錢究竟是如何一點一滴賺來的。

我十分贊同朋友小張的作法，因為兒子的年紀還太小，他以循循善誘的方式，讓孩子透過爸爸的理財計畫，體會到投資的樂趣。

財富就是這樣累積下來的，假如把錢放在家中的抽屜裡，這些錢可能會貶值，但是如果把錢巧妙地運用在投資上，它們很有可能會賺來更多的錢。

然而，許多人總是妄想一步登天，希望以最少的資金，賺取最多的獲利，故家長應該讓孩子了解「投資報酬率越高，風險也越高」的道理，千萬別因為一時衝動，而賠光所有積蓄。

家長也可以試著告訴孩子基本的金融知識，做一些簡單的投資。若是年紀較小的孩子，家長能夠帶著他們玩「大富翁」的遊戲，並且建立對他們投資的初始印象，然後介紹孩子簡單的投資知識，像是帶著他們在電腦前查看基金淨值、股票價格變化，簡單地告訴他們漲跌對自己的財富會有什麼影響，在潛移默化中，教導孩子投資的原則。

教導孩子常見的理財方式

一般來說，談到「理財」，多數人想到的只是「儲蓄」及「投資」，也有人會說：「沒有錢怎麼理財？」其實，理財就是管好自己的錢財，只要和錢有關的處理，都是理財涵蓋的範圍。但是成人理財和青少年理財，範圍完全不同。青少年理財著重「財經生活教育」，先動手做，熟悉理財。例如：擬定儲蓄目標、學會記帳，讓孩子先建立金錢價值觀的基礎，使得金融知識變成生活的能力與態度。

從兒女的小時候開始，我就和他們介紹最常見的理財方式，像是儲蓄、保險、投資等，當他們高中時，我會再進一步講解股票、期貨、債券、基金等基本理財方式。雖然現在資訊相當發達，但是兒女都只聽說過名詞，卻不知道實際內容，我希望釐清他們不正確的觀念，也讓他們瞭解到投資與儲蓄等獲利的盈虧。

舉例來說，我會在家裡和他們玩投資理財的遊戲，並請他們以兩萬元來規劃儲蓄、買股票、債券、基金的比重，原本我以為他們不知道如何分配投資與積蓄的比重，但我看著他們所寫出的規劃表，皆具備大人的思維邏輯，這一點讓我感到非常驕傲。接著，我會和他們討論應該投資股票、基金還是債券等，並且激發他們更多的想法。以下列出我認為最重要的三點：

1. 端正孩子的投資態度

若是家長希望孩子在投資的過程中，學到正確的理財觀念，就必須端正孩子的投資態度。因為進行投資理財，不只是為了得到更多的金錢，而是在投資的過程中，學習更完美地規劃未來的理財計畫。

如果孩子把所有的重點都放在投資賺錢，那麼他們未來可能會因為投資環境的變換而感到焦慮、煩躁等。有鑑於此，父母應該扮演孩子的理財輔導師，適時端正他們的投資態度。

2.請孩子合理控制投資金額

家長應該讓孩子明白投資理財時，必須以不影響正常的生活為前提，請孩子先列出一整年可能會支出的計畫表，將所有的零用錢扣掉支出，剩下來的錢才能用於投資。

如果孩子十分貪心，完全不知道自己的收支狀況，就把存下來的儲蓄全部用於投資理財，如此一來，孩子將會生活地很辛苦。因此，父母在教導孩子理財之餘，也要請孩子合理控制投資金額。

3.讓孩子明白投資有風險

事實上，只要是投資，就存在著對等的風險。在投資理財的過程中，家長要協助孩子瞭解市場訊息，並根據現實的變化採取適當措施，試圖將風險降到最低。最直接有效的方法就是，只利用小部分的錢投資，這麼一來，即使出現突發情況，也不會造成太大的損失。

另外一種方法為分散投資，也就是說，讓孩子將用於投資的零用錢分成好幾份，然後把這些錢投資在各種不同的理財項目中，就能分散風險。

讓孩子認識常見的投資商品

隨著時代的不斷進步，越來越多的投資商品開始出現在人們的生活裡。有一部分的人憑藉自己聰明機智的頭腦與敏銳的眼光，從投資商品中賺取了人生的第一桶金。

為了讓孩子具備更寬廣的理財觀，因此父母有必要讓孩子瞭解一些常見的投資商品。當孩子對於這些商品有了初步的認識之後，將會豐富孩子的理財知識和技能。

如此一來，孩子長大後，在面對理財投資時，就會變得更有自信，他們的自主性也會更強，不會人云亦云地盲目投資。唯有這樣做，孩子將來才能自行處理財務問題，財富也會變得越來越多。

父母告訴孩子關於投資商品的觀念之前，自己也要先做功課，並且認識這些投資商品。畢竟，若是父母都不知道股票、基金、債券、保險、信託等為何物，又怎麼能教導孩子認識投資商品。

筆者為了協助父母能夠簡易地介紹投資商品，因此整理出市面上常見的投資商

品，以便於家長朋友實施理財教育。

1. 股票

股票的發行是股份有限公司，他們為了籌集更多的資金，會向社會發行有價證券，股票是一個人的股份憑證。而擁有股票的人就是公司的股東，且擁有公司的所有權。

值得注意的是，這裡提到權利是綜合權利，股東通常擁有參加公司的股東大會、投票表決、參與公司的重大決策等權利，更重要的是，股東可以根據公司的運營狀況獲得一定的股息或者分紅，同一個股份公司發行的單份股票代表的所有權相同。也就是說，如果一個股東手中擁有的股票份數越多的話，那麼他在公司的權力就越大，同時他得到的股息和分紅就會越多。

股票是一種可以相互轉換讓的商品，股東可以把擁有的股票轉賣出去，進而回收自己的投資。但是，股東不能要求公司以現金或轉帳等方式交還自己的資金。

2. 債券

債券是一種有價證券，他的發行單位可以是政府、企業以及各種金融機構等。

發行單位為了籌措資金而向投資者發行，並且承諾按照一定的利率支付給投資者，而債券到期時，將會歸還投資者本息的債權債務憑證。

一般來說，債券應該包含以下幾個方面，即債券面值、票面利率、反息期、償還期等基本要素。債券的利率是原本就定好的，不能隨意改動，因此人們又把這種債券叫做固定利息證券。債券的購買者和發行者是債權人和債務人的關係。如果債權人同意的話，可以將債券轉讓。

3. 基金

相對於投資股票來說，投資基金顯得更加省時省力。基金是一種間接的投資方式，投資者並不需要直接參與基金的管理。

基金管理公司透過發行基金，將投資者的錢集中起來，並且委託有資格的銀行作為基金託管人進行管理。接著由基金的管理人用這些資金從事股票、債券等方面的投資。在投資過程中，投資者需要共同承擔風險，並且有權利按照基金的購買多寡來獲得自己的收益。也就是說，如果人們手中有多餘的錢想進行投資，可是卻沒有足夠的時間進行管理，此時不妨和他人聯合起來將錢集中起來，然後再請投資高

手為大家進行管理，而投資高手就是作為基金託管人的銀行。

一般來說，基金的種類主要有信託投資基金、單位信託基金、公積金、保險基金、退休基金，各種基金會的基金等。

4.保險

保險是一種最保守的風險投資方法，投保人按照事先的合約，必須在特定的時間內向保險公司人繳交保險金。

在保險合約當中，雙方會根據投保人可能會發生的事故進行明確的描述，一旦投保人因為這些事故而導致財產損失時，或者當投保人遭到意外事故而造成傷殘、死亡等，保險公司就要承擔起責任，並且賠償損失。

事實上，平時接觸最多的就是家庭保險，而家庭保險又分為財產保險和人身保險。其中財產保險又被細分為——機動車保險、住宅房屋保險、商品住宅保險等。人身保險則包含意外傷害保險、特大疾病保險、養老保險等。

值得注意的是，幾乎每個家庭都會投保家庭保險，因此讓孩子瞭解自己的家庭保險，他們會更清楚是什麼保險。

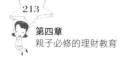

畢竟，誰都無法保證自己的一輩子都平安無事，為了可能會出現的意外事故，所以人們開始購買適合自己的保險種類，進而將可能會遇到的倒楣事，所造成的危害減至最小。

事實上，對孩子來說，前述所提到的那些投資商品知識非常陌生，甚至有些晦澀難懂。然而，家長還是可以讓孩子提早瞭解一些投資商品，即使是在孩子的腦海中留下模糊的印象，對於孩子將來的發展也會很有幫助。

除了前面提到的那些投資商品以外，像是外匯、匯率、期貨等投資商品也能夠讓孩子多瞭解。

理解投資商品的方法

和其他內容相比，讓孩子學習投資商品的相關知識時，確實有點困難，因為那些知識對他們而言，確實很枯燥，很多孩子根本就不想聽這些理財資訊。不過，家長仍然可以採取下列兩種方法讓孩子學習相關知識：

1. 讓孩子參與投資理財的過程

一般來說，父母在傳授孩子投資商品的相關知識，其中最直接的方法就是讓孩子參與投資理財的過程。例如：當家長想要購買基金的時候，不妨讓孩子一起參與討論，觀察父母如何選擇投資商品。

此外，在進行實際的交易時，父母要為孩子說明每個步驟的進行流程，如此一來，就能以最快的速度讓孩子掌握金融產品的知識。

2.不可忽視媒體的教育作用

當代媒體的影響力越來越強大，因此家長不可忽視媒體的教育作用。事實上，很多電視臺都會播出關於理財的節目，因此人們在觀看電視時候，將能在無形之中學到很多的理財知識。

分辨金融卡、儲值卡與信用卡

近年來，購物能夠運用的支付工具越來越多，除了大家熟悉的信用卡外，市場上還陸續出現金融卡、儲值卡等產品，雖然美其名是讓消費者有更多選擇，但由於外觀差異不大，因此許多家長完全搞不清楚這些卡片之間有何不同，又該如何告訴金融、儲值卡等商品，可以節制消費。

孩子分辨方法呢？

事實上，以最簡單區分方法來看，金融卡、儲值卡這兩種產品比較相似，都有「存多少錢、用多少錢」的特性，並能達到節制消費的效果，不像信用卡具有「延遲付款」特性，而且每位持卡人擁有的刷卡額度，幾乎都大於每個月的薪資所得，所以不小心揮霍起來，很容易衍生各種問題。

至於如何分辨金融卡與儲值卡，則可以從「儲值方式」來判定。金融卡因為結合銀行帳戶，所以使用時不必另外進行加值，消費的每一筆金額，會直接從帳戶扣款；而儲值卡在準備刷卡之前，民眾得自行確認卡片內具備足夠的金額，否則無法使用。

目前市面上常聽到的金融卡種類，包括國際發卡組織所推出的VISA金融卡，以及銀行公會發行的晶片金融卡。基本上，這兩種卡片都必須結合帳戶，也就是在申辦時必須在所屬的銀行開戶，而大部分的人拿到金融卡，都以為是張提款卡，但其實已經具有刷卡的消費功能。

民眾只要從皮包掏出卡片，上面印有「VISA」或「SmartPay」圖樣，就是金融

卡的一種，前者屬於「VISA」體系，在貼有「VISA」標章的商店都能使用，後者則屬於銀行公會發行的晶片金融卡，則必須在貼有「SmartPay」標章的商店使用。

目前發行VISA金融卡的銀行多達十三家，而晶片金融卡更將近三十家，因此不少銀行發出的卡片，甚至可以適用於兩種體系，只要拿到卡片同時印有「VISA」或「SmartPay」的圖樣，適用範圍將更加擴大。

由於金融卡必須開戶才能夠申請，因此現在銀行普遍都很樂意發行，如此一來，不但能夠建立與客戶的關係，同時又能迫使民眾存錢，等於為銀行帶來強大的吸「金」效果。

讓孩子知道供需之間的微妙關係

美國著名的經濟學家曾經說過：「很多人都認為經濟學是一門高深莫測的學問，其實要學習經濟學非常簡單，只要你能夠掌握供給和需求之間的關係，那麼，你就會成為一位精明的經濟學家。」

從這句話中可以知道，供給和需求的知識是相當重要的理財觀念，家長在指導孩子投資理財的相關知識，千萬不要忘了告訴他們供給和需求的概念。

整個市場經濟是由商品的供給和需求而決定，彼此之間相互影響、制約。供給指的是在一定的時間裡，生產者能為市場提供多少商品。一般而言，影響商品供給的因素有很多，例如：商品的價格、人們的消費心理、國家近期的政策等。

需求則是指社會上因為需要一件商品而產生的購買要求。事實證明，商品的價格對於需求有很大的影響。通常商品的價格降低以後，商品的需求會在短時間之內，大幅地上升。

供給和需求兩者之間具有非常密切的關係，而最直接的表現就是商品的價格波動。當商品供過於求的時候，它的價格就會有所提高；當商品供小於求的時候，商品的價格就會降低。

若是家長讓希望孩子瞭解供給和需求的關係時，最有效的方法就是讓孩子參與實際的買賣活動。

玫君是我的社團好友，她時常將供需法則應用在日常生活中。有一次，玫君帶著五歲兒子到超市買東西，當兒子走過水果區時，他忽然搖著玫君的手說：「媽

媽，我想要吃葡萄，可以買些葡萄回家嗎！」玫君停下來看了標價，竟然要十八元。

「上個禮拜舅舅來看你的時候，不是才買給你吃的嗎？我們過一陣子再來買，好嗎？」玫君很認真地和兒子商量，兒子卻搖搖頭。

「好吧，不過你要先要告訴我，一斤葡萄是多少錢？」玫君說道。

「嗯，我現在就去看。」得到媽媽的允許後，兒子變得很高興，他仔細地看了看標價，然後非常認真地說：「媽媽，葡萄一斤十八元。」

「你知道嗎，現在十八元只能買一斤葡萄，可是到了夏天，十八元幾乎可以買五斤葡萄，你知道為什麼嗎？」玫君和兒子說道，並且引導孩子理解商品的供需對於價格的影響。

兒子好奇地看著她，玫君知道兒子對於這個話題很有興趣，於是她回答：「因為現在根本就不是葡萄成熟的季節，你現在看到的葡萄是經過一系列高超技術才保留下來的。因為這些葡萄的數量很少，所以價格相當昂貴。到了夏天，就是葡萄的盛產季節，批發商就會從果農那裡批發葡萄來出售，所以葡萄的價格就會非常供給與需求，是不變的市場原理。

低。」

「原來是這樣！既然現在這麼貴，那我就等到夏天再吃葡萄吧！」兒子似乎明白媽媽的話。

玫君的理財教育十分成功，因為她能夠及時地抓住機會，用生動的事例進行理財教育，讓孩子可以在生活中學習許多經濟知識。如果父母只是一味地說教，就不會有這麼好的成效了。事實上，市場貨物的供需經常在變動，因此父母只要善於把握時機，就能與孩子進行良性的理財教育。

若是父母希望讓孩子更瞭解供求之間的關係，可以參考以下幾種論點：

1.父母要讓孩子知道什麼是供需

供給是指特定市場上在一定時期內，與每一銷售價格相對應，生產者願意且能供給的商品數量。雖它屬於生產的一部分，但供給量並不等於生產者願意生產的數量。

需求則指的是人們有能力購買，並願意購買某個具體商品的欲望，需求表示的是在其他因素不變的情況下，會隨著價格升降而改變人們所願意購買的商品數量。

2.讓孩子知道供需和價格的關係

在市場經濟中，供需之間的關係往往透過價格改變，價格可以調節供給和需求的關係。

由此可知，當市場中某項商品的供應量高出消費者的需求時，商家就會選擇以降價來吸引消費者。若是當市場中的商品數量低於消費者的需求時，商家就會提高該商品的價格，因而獲得更多的利益。

3.購物時，讓孩子觀察價格的變化

父母帶著孩子購物時，可以順便讓孩子注意商品的價格是否出現變化。我認為傳統市場、超級市場最適合這項論點。

一般來說，當季的時令蔬菜，其價格會比較低，而那些產自外地，或是非時令蔬菜的價格，相對來說會比較高。孩子在不斷地對比中，就會發現供需和價格之間的微妙關係，這也是讓孩子明白供需與價格關係的最有效方法。

高風險的股票投資

很多人依靠買賣股票，變成大富翁，但也有很多人因為沒有評估這些投資的風險，最後落得一無所有。

由此可知，在孩子接受理財教育的過程中，父母也可以告訴他們零風險管理的好處。雖然孩子的年紀還小，但是一味地阻止孩子，孩子或許還是會一意孤行。有鑑於此，筆者建議，父母在買賣股票時，可以試著讓孩子參與討論，無論是否以賺錢為目的，都要告知孩子，你所投資的股票現況如何，並且讓他們明白有些投資行為的風險很高。

小海是一名高中生，也是數理資優班的學生，課堂上又學到許多與經濟相關的知識，進而對買賣股票產生了濃厚的興趣，因此他每天都會利用零碎的時間查看當天的股市行情，然後再看看講解股票投資的節目。小海這一天沮喪地跑來告訴我，他買賣股票的經驗，以下是他的投資故事。

一直很想玩股票的小海，考慮好幾天之後，鄭重其事地對爸媽說：「爸媽，我有個重大決定要告訴你們，我想要試著買賣股票！」

聽到小海的話後，爸媽都露出了驚訝的表情，不過媽媽很快地說道：「可以啊，孩子，但是你真的瞭解股市嗎?你知道投資股票時應該注意哪些事情嗎?」

「這還不簡單，買賣股票不就是低價買進股票，然後高價售出，進而從中獲取利益！」小海很有自信地和媽媽說。

媽媽笑了笑，然後說：「你所說的當然是最理想的結果，但是股票買賣並沒有像電視上講解股票的主持人說的這麼簡單。假如買賣股票能夠輕而易舉地賺到錢，那麼大家為什麼不全部都去投資股票。如果沒有豐富的股票相關知識、敏銳的眼光以及精確的分析預測能力，其實很難在買賣股票中賺錢。雖然股票在短期之內，可能會獲得十分豐厚的利潤，但是伴隨著高利潤的誘惑下，也就有高風險的危機，搞不好你會損失不少錢。因此，如果你想要試著買賣股票的話，一定要做好賠錢的心理準備。」

因為小海才剛過了十六歲生日，所以還不能在證券市場開戶，當他聽到這個消息感到相當失望，不過，媽媽很快地想出一個好辦法。她決定讓小海先從她的戶頭進行股票買賣，而股票的買進和賣出都由小海決定，而因此引起的風險和收益也由小海自己承擔。

小海開始買賣股票之後，更努力地研究股市的相關訊息，他從中學到了很多新知識，談起股票也是頭頭是道，像是玩股票的老手。

然而，小海看待股票的眼光還不像成年人一樣如此全面，因此在買賣股票時，他無法掌握最好的賣出時機，到了最後，自己所投資的錢全部賠光了。這時，他才真正地體會到，為什麼媽媽一直強調股票是種高風險的投資方式。

小海和我說完他的經驗後，我告訴他，這次經驗將有助於他的風險管理，下次當他再買賣股票時，一定會更小心謹慎。

其實，股票是常見的投資方式之一，如果孩子對股票具有濃厚的興趣，不必大驚小怪，不妨和小海的媽媽一樣，把握機會，讓孩子學習有關股票的相關知識。

如果家庭經濟許可，而且孩子已經快要成年，父母可以引導他們進行股票買賣，讓他們加深對於投資風險的認識。

父母要讓孩子知道，很多投資都具備很高的風險，所以父母應該引導孩子選擇那些風險低的投資方式。

親子理財壓箱寶

1. 孩子對於銀行究竟瞭解多少

為了能夠實施正確的理財教育，父母帶著孩子去銀行實際教學之前，應該知道孩子究竟多瞭解銀行。

父母不妨可以詢問孩子他們知道的銀行有哪些？人們透過銀行可以做些什麼事？為什麼拿著一張卡片就可以從銀行中領出很多錢？銀行裡的錢都是從哪裡來的？是不是想領多少錢就領多少錢？

父母必須告訴孩子，銀行是人們進行儲蓄活動的重要場所，人們還可以將金錢投資於購買股票、基金等理財產品，雖然存錢到銀行的收益不會很大，但卻是最安全的理財方法。

畢竟，若是擁有良好的儲蓄習慣，有急用時，就可以防範於未然，穩定的儲蓄將能發揮重大的作用。因此，孩子如果從小就能養成儲蓄的習慣，未來他就不會因為急需用錢，而讓自己陷入困窘的狀況。

2. 帶著孩子去辦銀行帳戶

當家長大略掌握孩子對於銀行的瞭解狀況後，就要帶著孩子到銀行進行實際教學，並且讓孩子認識匯率、存款利率等知識，然後為孩子辦理專屬的個人銀行帳戶。

當孩子在過年期間或者生日的時候，收到金額較大的金錢時，家長可以引導孩子主動將錢存入專屬於他們的帳戶中，如此一來，可以有效地防止孩子盲目消費的現象，還能讓他們養成儲蓄的好習慣。此外，父母能在每個月以匯款的方式定期發零用錢給孩子，讓孩子感覺每個月都有一筆固定收入，並能藉由他們的存摺得知孩子的帳款變化。

3. 為孩子開設家庭銀行

當孩子對儲蓄有了初步的認識之後，若是孩子的年紀還太小，家長可以為孩子設立家庭銀行，在家裡應用銀行的模式，讓孩子練習存、提款的相關步驟。

值得注意的是，家庭銀行與擁有自己的存錢筒並不衝突，存錢筒的好處

在於簡化存錢的手續，自己可以決定何時要花費。

如果孩子把錢存入家庭銀行，就要執行一些繁瑣的手續，雖然只是模擬銀行的手續，但是當孩子把錢存進家庭銀行時，家長必須要支付孩子固定的利息。這樣一來，不僅有利於培養孩子用錢習慣，還能讓孩子理解，藉由儲蓄可以錢滾錢。

4. 把存錢筒和銀行聯繫起來

很多孩子都會有自己的存錢筒，存錢筒的優點就是可以省去許多繁瑣的手續。只要自己動手，就可以輕易地把零錢放進去或取出來。如果去銀行存、領錢的話，則需要領號碼牌等候，耗費較多的時間與體力。

不過，銀行具有存錢筒無法相比的優點，因為當孩子將錢存入銀行時，受到每年利率的影響，錢就會一點一點地增加。

由此可知，父母可以將存錢筒和銀行的觀念聯繫起來，當存錢筒裡的錢達到固定金額時，就可以把這些錢存入銀行的帳戶裡，讓銀行裡的錢慢慢增加。

5.在生活中體驗複利的威力

如果孩子真的需要向家父母借錢，那麼父母可以利用機會讓孩子瞭解社會上的借貸原則所必須付出的成本與代價。

一般來說，父母可以先與孩子一起蒐集貸款的資訊後，並討論如何計算利息，以及如何還款，讓孩子自行決定是否要花掉未來的零用錢。

或許孩子會認為父母不近人情，但父母應該堅定立場，不要因為孩子的哀求就心軟，因為父母的錢並不屬於孩子，正如同銀行裡的錢，一定要簽署借貸的合約，並且計算利息，藉此機會讓孩子體驗到複利的威力。

名人致富故事。

名人累積財富的方式，主要是靠「紀律、犧牲及辛勤工作」，即便他們的父母沒有留給他們大量財富，但子女也多半能夠獨立自主。

華倫·巴菲特

華倫·巴菲特在他剛滿周歲時，從事銀行證券銷售商的父親霍華德·巴菲特失業了，這樣的家境使巴菲特從小就對金錢產生了特別的興趣。

童年的巴菲特喜歡數著一些數字，包括大街上車輛的牌號，不同單字在報刊上

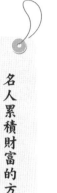

出現的次數、棒球賽比分，甚至一些名流的生卒年分，都能引發他的興趣。

巴菲特對數字的喜好超過了一切，然而，他感興趣的不僅僅是數字，而是金錢，五歲時，巴菲特在家裡門前向路人販售從祖父雜貨店裡批發的口香糖和檸檬汁；六歲時，與家人去郊外度假時，他用二十五分錢買了六瓶可樂，然後在湖邊以一瓶五分錢的價格賣給遊客。過了幾年，他帶領玩伴到球場，撿二手的高爾夫球轉賣出去，生意頗為興隆。上中學時，巴菲特除了利用課餘時間做報童外，他還與同伴合夥將彈子球遊戲機出租給理髮店老闆賺外快。

受到經濟大蕭條的影響，巴菲特一家的生活變得很艱難，他後來回憶，童年的那段歲月使他當時萌生了一股強烈的企圖心，他希望長大後一定要擁有大量財富。他說：「總有一天，我的名字和照片會出現在報章雜誌上。」

十歲的巴菲特隨著父親去了紐約。在這個世界金融中心，他被華爾街股票交易所的景象迷住了。一年後，他首次進行股票投資，以每股三十八美元的價格買進了公用事業股票，不久，這支股票的價格上升到四十美元，巴菲特將股票售出，第一次投資雖然賺得不多，卻帶給他無比的喜悅。

一九四三年，巴菲特的父親當選為國會議員，於是全家遷居到華盛頓，巴菲特在這裡成為《華盛頓郵報》的送報生。這一年，才十三歲的巴菲特，為自己登記了收入，並提交了納稅清單，甚至拒絕父母為他代交稅款，就像是個獨立的大人一般。

童年的巴菲特不但喜好閱讀，並且擁有完善的記憶力，只不過他讀的不是童話故事，而是教人如何發財的祕訣，如《賺一千美元的一千招》、《從十美元成為大富翁的故事》。時間漸漸過去，巴菲特賺錢的點子也層出不窮，他的姐姐多麗絲語帶讚嘆地說：「從小，他的腦子裡充滿了賺錢的點子，並且希望成為人人尊敬的富翁，如今，他真的做到了。」

洛克斐勒家族

當今世界最富有的家族莫過於洛克斐勒家族了，美國的歷史上，洛克斐勒家族一直為人所討論。洛克斐勒王朝的創始人約翰．大衛森．洛克斐勒是有史以來第一位億萬富翁。

約翰．大衛森．洛克斐勒出生於紐約州哈得遜河畔的小鎮。他的母親是一個虔誠的基督教徒，對於孩子的要求非常嚴格。不過，他的父親卻是一個喜歡冒險的年輕人，他喜歡遊歷四方，且經營木材生意。

除此之外，他還出賣土地，買賣毛皮，販鹽，推銷雜貨。父親喜歡結交朋友，不過他的個性有一點倔強，又以自我為中心。

洛克斐勒從父親那裡學到銷售商品的多樣性，同時他又在母親的身上學會了勤勞、節儉、誠信、認真的品格，對於洛克斐勒日後的發展具有很大的影響。

有一次，洛克斐勒把自己存下來的五十元零用錢借給了附近的農民用，一年之後他得到了四元的利息。當他拿到利息時，他跑去告訴父親，自己什麼都沒做就賺了四元，但是幫忙父親工作一整天，累得筋疲力盡只能賺到三毛錢，他認為這種賺錢方式太沒效率了。

約翰．大衛森．洛克斐勒長大後創立了石油公司，他在這裡賺到了第一桶金。不過他對當時的上流社會一些奢華的娛樂節目沒有任何興趣，他把賺到的資金投入了鐵路、煤礦、建築等事業上，因此他的財富以飛快的速度累積。

約翰．大衛森．洛克斐勒很熱衷於公益事業，他所創立的洛克斐勒基金會，目前已經成為世界上最大的慈善機構，而熱衷於慈善事業的優良傳統依然在洛克斐勒的家族中延續著。

雖然洛克斐勒是世界上第一位億萬富翁，但是他從來沒有放任子女揮霍金錢，他的子女，有人成為副總統，有人成為銀行家。他的孩子曾經描述過父親的教育模式：「在我們很小的時候，爸爸每天只給我們每個人二十五分錢，如果想得到更多的錢，就必須付出更多的勞動。此外，每個孩子都必須明確地記錄自己的錢花到哪裡。即使是父親給予的少數金錢，我們也沒有金錢的支配權利，因為我們必須將其中的33％用於慈善事業，再把33％存起來，然後才能支配剩下34％的錢。」

如今，洛克斐勒家族，已經走過一百五十多年的歷史，從某種角度來說，他們正是美國經濟發展的縮影，雖然有句話稱「富不過三代」，可是洛克斐勒家族已經傳到了第六代，他們依然擁有常人難以想像的財富。

李嘉誠

每個人的家庭背景都不一樣，也許有些人出生在富豪之家，但若是他沒有接受良好的理財教育時，那麼他最終只會成為紈褲子弟，甚至成為敗家子。

相對來說，如果一個窮人家的孩子受到良好的理財教育，那麼他就會想盡辦法來改變自己的命運。接下來，就和筆者一起看看著名的華人首富李嘉誠是怎樣從窮小子變成為中國首富。

李嘉誠出生在廣東的書香門第，父親是一位小學校長，所以他很重視孩子的教育。李嘉誠的父親相當開明，他不僅讓孩子學習傳統文化科目，同時還會在生活中培養孩子的金錢觀念。抗日戰爭爆發以後，父親為了讓孩子擁有安靜的生活環境，因此帶著全家到了香港，那時李嘉誠剛滿十一歲。

一九四〇年，父親罹患肺炎，但因為拿不出昂貴的醫藥費，最後病逝了。那時候的李嘉誠深切地體會到貧窮是如此悲慘的事。

他一直思考著，如果那時候家裡有錢，母親就不必為了支付父親昂貴的醫藥費而整天煩惱，或許父親就不會這麼早去世了。

父親去世之後，李嘉誠就負起了照顧母親和妹妹的責任，後來他為了工作不得不放棄學業，對於這麼熱愛學習的他來說，是相當痛苦的一件事。

不過，他知道當時最重要的責任就是養家活口，年紀輕輕的李嘉誠已經知道：「沒有金錢，萬萬不能」的道理，他並沒有因為渴望賺錢而走上歧途。或許是從小接受的教育理念，讓他從來沒有出現投機取巧的想法。

那時候的李嘉誠剛滿十四歲，其實還是一個孩子，當時的他就立志要改變家庭貧窮的生活，毅然決然地投身步步危機的商場。

李嘉誠在一間玩具製造廠當推銷員，為了把工作做好，好強的他每天都強迫自己來回奔波十六個小時。在職場上，李嘉誠表現出自己的優點，像是聰明、踏實、有上進心等，到了二十歲的時候，李嘉誠已經被老闆升為玩具廠的經理。

李嘉誠懂得累積財富的重要性，因此他的生活十分節儉，除了必要的支出以外，他從來捨不得買品質較好的新衣服。他在二十二歲時創立長江塑膠廠，經過努力後，他終於賺到了第一桶金，由於自己對玩具市場瞭若指掌，所以他的塑膠廠主要生產玩具，還有一些家庭用品，十年後，他的塑膠廠獨占整個市場。

此時的李嘉誠依舊沒有鬆懈，每天都是一邊管理工廠的日常事務，一邊監督生產流程，甚至還要向別人推銷產品，為了不耽誤第二天的工作，他在床頭放了好幾個鬧鐘，深怕隔天上班遲到。

李嘉誠曾坦言，對自己影響最深的就是父親，是父親讓他知道，不管做什麼事情都要專注，而且要付出百分之百的努力。

此外，李嘉誠不僅是一位孝順的兒子，他還是非常優秀的父親。身為商人，李嘉誠深知理財教育的重要性，所以對於孩子的理財教育，更是一絲不苟，渴望將他們打造為一流的商業奇才。事實證明，他的教育方式非常成功，他的兩個兒子都表現出過人的經商才能。

親子理財壓箱寶

1. 華倫．巴菲特——消費行為是買你真正需要的東西

一直到今天，華倫．巴菲特還是住在內布拉斯加州奧馬哈市，只有五個臥室的小房子裡，那是他五十年前結婚時買的。他曾經說過，在那裡，他能夠得到他想要的一切東西，而那間房子甚至沒有院牆和籬笆。

以他的觀點來看，消費的真正涵意在於：只買你真正需要的東西。因此，他告誡家長們要以身作則，教育孩子只購買需要的東西。

華倫．巴菲特的生活非常節儉，他到哪裡都自己開車，身邊從來沒有司機和保全，而且總是以最經濟實惠的方法來省錢。

舉例來說，雖然他擁有世界上最大的私人飛機公司，但他自己從不搭乘私人飛機外出，更令人驚訝的是，他居然沒有手機，辦公桌上也沒有電腦，將節儉的行事態度貫徹在生活當中。

2.洛克斐勒家族——讓孩子學會幫助他人

儘管洛克斐勒家族擁有的財富讓人難以望其項背，但是這個家族沒有任何一位揮霍財產的成員。

事實上，洛克斐勒家族的財富都要歸功於約翰．洛克斐勒，他曾經對家族的其他成員說過這些話：「擁有大量的金錢並不代表他就是一個富有的人，如果一個富翁打從心裡感到快樂的話，一定是因為他幫助了別人。」

約翰．洛克斐勒和他的夫人經常親身服務社會，在第一次世界大戰期間，他的夫人還提供自己的家作為軍需包裝廠，並且找義工來包裝醫療用品，當時所有家族的孩子都必須幫忙。

約翰．洛克斐勒對孩子嚴格執行零用錢制度，從來不允許孩子亂花一分錢，他鼓勵孩子把錢花在需要的地方，同時要學會幫助他人，用自己的錢財為他人帶來幸福和快樂。

此外，約翰．洛克斐勒在孩子還小時，就告訴他們捐贈的重要性，因此他要求孩子把自己零用錢的一部分捐贈給當地的各項公益事業，後來約翰．洛克斐勒甚至還創立了基金會，致力於公益事業。

3.李嘉誠——培養孩子勤儉節約的品格

李嘉誠出生在貧困家庭，所以從小就養成勤儉節約的個性，即使他擁有億萬資產，他依然恪守這個準則，並且以身作則。

從孩子還小時，他就要求孩子養成勤儉節約的好習慣，從來不會放任孩子揮霍錢財，而他自己也是如此。舉例來說，在他的手腕上是一支產自日本的廉價手錶，而他的西裝也已經陪伴他十年了，他不像其他富豪追求奢華的生活，此外，他還是住在三十年前的老房子。

李嘉誠鼓勵孩子勤儉節約，但是很多人不能理解他的做法，他們認為李嘉誠這樣對待自己和孩子未免太過吝嗇，不過，李嘉誠卻認為勤儉節約是永遠不變的理財真理。

國家圖書館出版品預行編目資料

我有自己的薪水了：從小培養孩子的滿分理財力／王擎天 編著 . -- 初版.--新北市中和區：活泉書坊, 2012[民101] 面；公分． -- (品味教養09)
ISBN 978-986-271-205-4((平裝)
1.親職教育 2.子女教育 3.理財
528.2 101004468

活泉書坊

我有自己的薪水了：從小培養孩子的滿分理財力

出版者 ■ 活泉書坊

編著 ■ 王擎天
文字編輯 ■ 陳顗如
總編輯 ■ 歐綾纖
美術設計 ■ 李家宜

郵撥帳號 ■ 50017206 采舍國際有限公司（郵撥購買，請另付一成郵資）
台灣出版中心 ■ 新北市中和區中山路2段366巷10號10樓
電話 ■ (02) 2248-7896 傳真 ■ (02) 2248-7758
物流中心 ■ 新北市中和區中山路2段366巷10號3樓
電話 ■ (02) 8245-8786 傳真 ■ (02) 8245-8718
ISBN ■ 978-986-271-205-4
出版年度 ■ 2012年5月

全球華文市場總代理／采舍國際
地址 ■ 新北市中和區中山路2段366巷10號3樓
電話 ■ (02) 8245-8786 傳真 ■ (02) 8245-8718

新絲路網路書店
地址 ■ 新北市中和區中山路2段366巷10號10樓
網址 ■ www.silkbook.com
電話 ■ (02) 8245-9896 傳真 ■ (02) 8245-8819

線上總代理 ■ 全球華文聯合出版平台
主題討論區 ■ http://www.silkbook.com/bookclub ◎ 新絲路讀書會
紙本書平台 ■ http://www.silkbook.com ◎ 新絲路網路書店
電子書平台 ■ http://www.book4u.com.tw ◎ 華文網雲端書城

本書全程採減碳印製流程並使用優質中性紙（Acid & Alkali Free）最符環保需求。

這個月零用錢 元

上個月剩下的零用錢 元

本月撲滿進帳目標 元

理財小富翁收入欄位

日期	獲得原因	金額
		元
		元
		元
		元
		元

總共 元

理財小富翁支出欄位

日期	購買原因	金額
		元
		元
		元
		元
		元

總共 元

本月理財狀況

收入 元 －支出 元 ＝ 剩餘 元

這個月零用錢 元

上個月剩下的零用錢 元

本月撲滿進帳目標 元

理財小富翁收入欄位

日期	獲得原因	金額
		元
		元
		元
		元
		元
	總共	元

理財小富翁支出欄位

日期	購買原因	金額
		元
		元
		元
		元
		元
	總共 元	

本月理財狀況

收入　　元 －支出　　元 ＝ 剩餘　　元

這個月零用錢 元

上個月剩下的零用錢 元

本月撲滿進帳目標 元

理財小富翁收入欄位

日期	獲得原因	金額
		元
		元
		元
		元
		元
	總共	元

理財小富翁支出欄位

日期	購買原因	金額
		元
		元
		元
		元
		元

總共 元

本月理財狀況

收入 元 －支出 元 ＝ 剩餘 元

這個月零用錢 元

上個月剩下的零用錢 元

本月撲滿進帳目標 元

理財小富翁收入欄位

日期	獲得原因	金額
		元
		元
		元
		元
		元
	總共	元

理財小富翁支出欄位

日期	購買原因	金額
		元
		元
		元
		元
		元
	總共 元	

本月理財狀況

收入 元 －支出 元 ＝ 剩餘 元

這個月零用錢　元

上個月剩下的零用錢　元

本月撲滿進帳目標　元

理財小富翁收入欄位

日期	獲得原因	金額
		元
		元
		元
		元
		元

總共　元

理財小富翁支出欄位

日期	購買原因	金額
		元
		元
		元
		元
		元

總共　元

本月理財狀況

收入　元 －支出　元 ＝ 剩餘　元

這個月零用錢 元

上個月剩下的零用錢 元

本月撲滿進帳目標 元

理財小富翁收入欄位

日期	獲得原因	金額
		元
		元
		元
		元
		元
	總共	元

理財小富翁支出欄位

日期	購買原因	金額
		元
		元
		元
		元
		元
	總共 元	

本月理財狀況

收入 元 －支出 元 ＝ 剩餘 元

這個月零用錢 元

上個月剩下的零用錢 元

本月撲滿進帳目標 元

理財小富翁收入欄位

日期	獲得原因	金額
		元
		元
		元
		元
		元
	總共	元

理財小富翁支出欄位

日期	購買原因	金額
		元
		元
		元
		元
		元
	總共 元	

本月理財狀況

收入 元 －支出 元 ＝ 剩餘 元

這個月零用錢 元

上個月剩下的零用錢 元

本月撲滿進帳目標 元

理財小富翁收入欄位

日期	獲得原因	金額
		元
		元
		元
		元
		元
	總共	元

理財小富翁支出欄位

日期	購買原因	金額
		元
		元
		元
		元
		元
	總共 元	

本月理財狀況

收入 元 －支出 元 ＝ 剩餘 元

這個月零用錢 元　上個月剩下的零用錢 元　本月撲滿進帳目標 元

理財小富翁收入欄位

日期	獲得原因	金額
		元
		元
		元
		元
		元

總共 元

理財小富翁支出欄位

日期	購買原因	金額
		元
		元
		元
		元
		元

總共 元

本月理財狀況

收入 元 －支出 元 ＝ 剩餘 元

這個月零用錢 元

上個月剩下的零用錢 元

本月撲滿進帳目標 元

理財小富翁收入欄位

日期	獲得原因	金額
		元
		元
		元
		元
		元
	總共	元

理財小富翁支出欄位

日期	購買原因	金額
		元
		元
		元
		元
		元
	總共 元	

本月理財狀況

收入 元 －支出 元 ＝ 剩餘 元

這個月零用錢 元

上個月剩下的零用錢 元

本月撲滿進帳目標 元

理財小富翁收入欄位

日期	獲得原因	金額
		元
		元
		元
		元
		元
	總共	元

理財小富翁支出欄位

日期	購買原因	金額
		元
		元
		元
		元
		元

總共 元

本月理財狀況

收入 元 －支出 元 ＝ 剩餘 元

這個月零用錢 ＿＿＿ 元

上個月剩下的零用錢 ＿＿＿ 元

本月撲滿進帳目標 ＿＿＿ 元

理財小富翁收入欄位

日期	獲得原因	金額
		元
		元
		元
		元
		元
	總共	元

理財小富翁支出欄位

日期	購買原因	金額
		元
		元
		元
		元
		元
	總共 元	

本月理財狀況

收入 ＿＿ 元 －支出 ＿＿ 元 ＝ 剩餘 ＿＿ 元

這個月零用錢 元

上個月剩下的零用錢 元

本月撲滿進帳目標 元

理財小富翁收入欄位

日期	獲得原因	金額
		元
		元
		元
		元
		元
	總共	元

理財小富翁支出欄位

日期	購買原因	金額
		元
		元
		元
		元
		元

總共 元

本月理財狀況

收入 元 －支出 元 ＝ 剩餘 元

這個月零用錢　　元

上個月剩下的零用錢　　元

本月撲滿進帳目標　　元

理財小富翁收入欄位

日期	獲得原因	金額
		元
		元
		元
		元
		元
	總共	元

理財小富翁支出欄位

日期	購買原因	金額
		元
		元
		元
		元
		元
	總共 元	

本月理財狀況

收入　　元 －支出　　元 ＝ 剩餘　　元

這個月零用錢 元

上個月剩下的零用錢 元

本月撲滿進帳目標 元

理財小富翁收入欄位

日期	獲得原因	金額
		元
		元
		元
		元
		元
	總共	元

理財小富翁支出欄位

日期	購買原因	金額
		元
		元
		元
		元
		元
	總共 元	

本月理財狀況

收入 元 －支出 元 ＝ 剩餘 元

這個月零用錢　　元

上個月剩下的零用錢　　元

本月撲滿進帳目標　　元

理財小富翁收入欄位

日期	獲得原因	金額
		元
		元
		元
		元
		元
	總共	元

理財小富翁支出欄位

日期	購買原因	金額
		元
		元
		元
		元
		元
	總共　元	

本月理財狀況

收入　　元 －支出　　元 ＝ 剩餘　　元

這個月零用錢 元

上個月剩下的零用錢 元

本月撲滿進帳目標 元

理財小富翁收入欄位

日期	獲得原因	金額
		元
		元
		元
		元
		元
	總共	元

理財小富翁支出欄位

日期	購買原因	金額
		元
		元
		元
		元
		元

總共 元

本月理財狀況

收入 元 －支出 元 ＝ 剩餘 元

這個月零用錢　　上個月剩下的零用錢　　本月撲滿進帳目標

元　元　元

理財小富翁收入欄位

日期	獲得原因	金額
		元
		元
		元
		元
		元
	總共	元

理財小富翁支出欄位

日期	購買原因	金額
		元
		元
		元
		元
		元
	總共 元	

本月理財狀況

收入　　元 －支出　　元 ＝ 剩餘　　元

這個月零用錢 元

上個月剩下的零用錢 元

本月撲滿進帳目標 元

理財小富翁收入欄位

日期	獲得原因	金額
		元
		元
		元
		元
		元

總共 元

理財小富翁支出欄位

日期	購買原因	金額
		元
		元
		元
		元
		元

總共 元

本月理財狀況

收入 元 －支出 元 ＝ 剩餘 元

這個月零用錢　　元

上個月剩下的零用錢　　元

本月撲滿進帳目標　　元

理財小富翁收入欄位

日期	獲得原因	金額
		元
		元
		元
		元
		元
	總共	元

理財小富翁支出欄位

日期	購買原因	金額
		元
		元
		元
		元
		元
	總共　　元	

本月理財狀況

收入　　元 －支出　　元 ＝ 剩餘　　元

這個月零用錢　　上個月剩下的零用錢　　本月撲滿進帳目標

元　　元　　元

理財小富翁收入欄位

日期	獲得原因	金額
		元
		元
		元
		元
		元
	總共	元

理財小富翁支出欄位

日期	購買原因	金額
		元
		元
		元
		元
		元

總共　元

本月理財狀況

收入　元　－支出　元　＝ 剩餘　元

這個月零用錢　元

上個月剩下的零用錢　元

本月撲滿進帳目標　元

理財小富翁收入欄位

日期	獲得原因	金額
		元
		元
		元
		元
		元
	總共	元

理財小富翁支出欄位

日期	購買原因	金額
		元
		元
		元
		元
		元
	總共 元	

本月理財狀況

收入　元 －支出　元 ＝ 剩餘　元

這個月零用錢 元

上個月剩下的零用錢 元

本月撲滿進帳目標 元

理財小富翁收入欄位

日期	獲得原因	金額
		元
		元
		元
		元
		元
	總共	元

理財小富翁支出欄位

日期	購買原因	金額
		元
		元
		元
		元
		元

總共 元

本月理財狀況

收入 元 －支出 元 ＝ 剩餘 元

這個月零用錢 元

上個月剩下的零用錢 元

本月撲滿進帳目標 元

理財小富翁收入欄位

日期	獲得原因	金額
		元
		元
		元
		元
		元
	總共	元

理財小富翁支出欄位

日期	購買原因	金額
		元
		元
		元
		元
		元
	總共 元	

本月理財狀況

收入 元 －支出 元 ＝ 剩餘 元

這個月零用錢 元 上個月剩下的零用錢 元 本月撲滿進帳目標 元

理財小富翁收入欄位

日期	獲得原因	金額
		元
		元
		元
		元
		元
	總共	元

理財小富翁支出欄位

日期	購買原因	金額
		元
		元
		元
		元
		元

總共 元

本月理財狀況

收入 元 －支出 元 ＝ 剩餘 元

這個月零用錢 元

上個月剩下的零用錢 元

本月撲滿進帳目標 元

理財小富翁收入欄位

日期	獲得原因	金額
		元
		元
		元
		元
		元
	總共	元

理財小富翁支出欄位

日期	購買原因	金額
		元
		元
		元
		元
		元
	總共 元	

本月理財狀況

收入 元 －支出 元 ＝ 剩餘 元

這個月零用錢　　上個月剩下的零用錢　　本月撲滿進帳目標

元　　元　　元

理財小富翁收入欄位

日期	獲得原因	金額
		元
		元
		元
		元
		元
	總共	元

理財小富翁支出欄位

日期	購買原因	金額
		元
		元
		元
		元
		元
	總共	元

本月理財狀況

收入　　元 －支出　　元 ＝ 剩餘　　元

這個月零用錢 元

上個月剩下的零用錢 元

本月撲滿進帳目標 元

理財小富翁收入欄位

日期	獲得原因	金額
		元
		元
		元
		元
		元
	總共	元

理財小富翁支出欄位

日期	購買原因	金額
		元
		元
		元
		元
		元
	總共 元	

本月理財狀況

收入 元 －支出 元 ＝ 剩餘 元

這個月零用錢 元

上個月剩下的零用錢 元

本月撲滿進帳目標 元

理財小富翁收入欄位

日期	獲得原因	金額
		元
		元
		元
		元
		元
	總共	元

理財小富翁支出欄位

日期	購買原因	金額
		元
		元
		元
		元
		元

總共 元

本月理財狀況

收入 元 －支出 元 ＝ 剩餘 元

這個月零用錢 元

上個月剩下的零用錢 元

本月撲滿進帳目標 元

理財小富翁收入欄位

日期	獲得原因	金額
		元
		元
		元
		元
		元
	總共	元

理財小富翁支出欄位

日期	購買原因	金額
		元
		元
		元
		元
		元
	總共 元	

本月理財狀況

收入 元 －支出 元 ＝ 剩餘 元

這個月零用錢　元

上個月剩下的零用錢　元

本月撲滿進帳目標　元

理財小富翁收入欄位

日期	獲得原因	金額
		元
		元
		元
		元
		元
	總共	元

理財小富翁支出欄位

日期	購買原因	金額
		元
		元
		元
		元
		元

總共　元

本月理財狀況

收入　元 －支出　元 ＝ 剩餘　元

這個月零用錢 元

上個月剩下的零用錢 元

本月撲滿進帳目標 元

理財小富翁收入欄位

日期	獲得原因	金額
		元
		元
		元
		元
		元
	總共	元

理財小富翁支出欄位

日期	購買原因	金額
		元
		元
		元
		元
		元
	總共 元	

本月理財狀況

收入　　元 －支出　　元 ＝ 剩餘　　元